国家自然科学基金青年项目
"气候变化对金融风险的影响研究：理论机制、经验证据与防控对策"
（项目号：71903114）

山东省社会科学规划金融研究专项
"绿色信贷对山东省新旧动能转换的影响效应及对策研究"
（项目号：18CJRJ05）

山东省高校科研计划项目
"新旧动能转换背景下山东省绿色信贷供需机制及效能提升研究"
（项目号：J18RA173）

资本对银行风险承担与贷款行为的影响研究
——兼论新资本监管框架的有效性

刘忠璐 ◎ 著

中国财经出版传媒集团
经济科学出版社
Economic Science Press

图书在版编目（CIP）数据

资本对银行风险承担与贷款行为的影响研究：兼论新资本监管框架的有效性/刘忠璐著.—北京：经济科学出版社，2019.9
ISBN 978-7-5218-0570-3

Ⅰ.①资⋯ Ⅱ.①刘⋯ Ⅲ.①资本－影响－银行贷款－研究 Ⅳ.①F830.5

中国版本图书馆 CIP 数据核字（2019）第 100154 号

责任编辑：周国强
责任校对：隗立娜
责任印制：邱 天

资本对银行风险承担与贷款行为的影响研究
——兼论新资本监管框架的有效性
刘忠璐 著
经济科学出版社出版、发行 新华书店经销
社址：北京市海淀区阜成路甲 28 号 邮编：100142
总编部电话：010-88191217 发行部电话：010-88191522
网址：www.esp.com.cn
电子邮件：esp@esp.com.cn
天猫网店：经济科学出版社旗舰店
网址：http://jjkxcbs.tmall.com
固安华明印业有限公司印装
710×1000 16 开 11.25 印张 180000 字
2019 年 9 月第 1 版 2019 年 9 月第 1 次印刷
ISBN 978-7-5218-0570-3 定价：68.00 元
（图书出现印装问题，本社负责调换。电话：010-88191510）
（版权所有 侵权必究 打击盗版 举报热线：010-88191661
QQ：2242791300 营销中心电话：010-88191537
电子邮箱：dbts@esp.com.cn）

前　　言

　　在新资本监管改革对银行资本的质与量都提出更高要求，经济结构进入转型发展的关键时期，普惠金融发展逐步走上历史舞台的大背景下，本书深入研究了资本对银行风险承担与贷款行为的影响。关于资本与银行风险承担行为的关系，本书从直接与间接两个方面进行探讨，并且在直接效应测度中深入分析了银行监督努力的中介作用。同时，还对不同监管时期的作用效果进行了对比分析。关于资本与银行贷款行为的关系，一方面，从贷款总额、贷款结构与典型行业贷款三方面出发，重点分析了金融危机时期以及新资本监管改革预期时期，不同监管工具作用的差异；另一方面，立足于普惠金融，从新资本监管给予普惠金融贷款相应的风险权重优惠出发，测度了资本对银行普惠金融贷款发放行为的影响。

　　首先，资本对银行风险承担行为影响的直接效应。本书研究发现：资本与银行监督努力和风险承担行为分别具有倒 U 型和 U 型关系，而且银行监督努力在资本与银行风险承担行为的 U 型关系中起到了中介传导的作用，特别是在新资本监管过渡时期，关系强度增大。研究结论说明了银行持有适度的资本水平，风险承担会更小，过低或过高的资本水平都会增加银行的风险承担。为了确保资本效果显著，风险承担有效降低，银行必须提升其监督努力的程度。

其次，资本对银行风险承担行为影响的间接效应。本书从资本监管效力的视角，采用断点回归设计，结果表明：以风险加权为基础的资本监管能够显著降低银行的风险承担。在作用效力比较方面，一是核心资本充足率监管比资本充足率监管在约束银行风险承担行为上更为有效；二是在新资本监管框架下，虽然风险加权资本比率监管降低银行风险承担的作用力度减弱了，但是杠杆率监管对银行风险承担行为的约束力较强，起到了良好的补充作用。本书得到了继续加强资本监管，防止银行业过度风险承担的启示。

再其次，资本与银行贷款行为的关系。本书研究发现：第一，资本充足率对银行贷款发放起到抑制作用，而核心资本充足率激励银行发放贷款，两者的影响效应在金融危机时期增强，但在新资本监管预期时期减弱；杠杆率仅在新资本监管预期时期，才逐渐提高银行发放贷款的审慎程度。第二，在贷款结构方面，与公司贷款相比较，个人贷款增速对资本的反映程度更为敏感；杠杆率可以有效地支持银行在金融危机时期发放公司贷款。第三，在典型行业贷款方面，核心资本充足率高的银行，房地产业贷款增速较低而制造业贷款增速较高，但这一偏好在金融危机时期和新资本监管预期时期有所降低。

最后，资本与银行普惠金融贷款行为的关系。在银行小微企业贷款行为方面：一方面，实施小微企业贷款风险权重系数优惠的政策，显著促进了银行发放小微企业贷款，特别是对小银行来说，政策效果更好；另一方面，在优惠政策实施之后，资本水平越高的银行对小微企业贷款的偏好反而越强，且这一促进作用的力度在大银行中更为显著。在银行个人贷款行为方面：一方面，实施个人贷款风险权重系数优惠的政策，显著促进了银行发放个人贷款，特别是对大银行来说，政策效果更好；另一方面，在优惠政策实施之后，资本水平越高的银行对个人贷款的偏好反而越强，同样，这一促进作用的力度在大银行中也更为显著。

本书从多维度论证了资本在约束银行过度风险承担行为，优化银行贷款行为上的作用，为新资本监管改革维持金融系统稳定、促进经济结构调整的有效性提供了有力的实证支持。

目 录
CONTENTS

第一章 **绪论** / 1

第一节 研究背景 / 1

第二节 主要研究内容与研究意义 / 5

第三节 主要研究方法 / 10

第四节 本书的创新之处 / 13

第五节 结构安排 / 15

第二章 **文献综述** / 18

第一节 资本与银行风险承担行为关系的
文献综述 / 18

第二节 资本监管与银行风险承担行为关系的
文献综述 / 24

第三节 资本与银行贷款行为的相关研究评述 / 28

第四节 资本与银行普惠金融贷款行为关系的
研究述评 / 31

| 第三章 | **资本与银行风险承担行为 U 型关系及银行监督努力的中介作用** / 36

  第一节 假说提出 / 36

  第二节 研究设计 / 38

  第三节 实证结果与分析 / 43

  本章小结 / 57

| 第四章 | **资本与银行风险承担行为的关系研究**

  ——资本监管效力视角 / 59

  第一节 中国银行业资本监管制度变迁 / 59

  第二节 研究设计 / 62

  第三节 实证结果与分析 / 74

  本章小结 / 87

| 第五章 | **资本对银行贷款行为的影响研究** / 89

  第一节 研究假说 / 89

  第二节 研究设计 / 94

  第三节 实证结果与分析 / 97

  本章小结 / 114

| 第六章 | **资本对银行普惠金融贷款发放行为的影响**

  ——以小微企业贷款为例 / 117

  第一节 研究设计 / 117

  第二节 实证结果与分析 / 122

  本章小结 / 133

| 第七章 | **资本对银行普惠金融贷款发放行为的影响**
——以个人贷款为例 / 135

第一节 研究设计 / 135

第二节 实证结果与分析 / 139

本章小结 / 151

| 第八章 | **结论与启示** / 153

第一节 主要研究结论 / 153

第二节 研究启示 / 158

第三节 未来的研究展望 / 162

参考文献 / 163

第一章
绪 论

第一节 研究背景

2008年全球金融危机的爆发引发了对银行资本监管的再思考，于是《巴塞尔协议Ⅲ》新资本监管框架应运而生。较之《巴塞尔协议Ⅱ》，《巴塞尔协议Ⅲ》对资本的质和量都提出了更为严格的要求，主要表现为三个方面：一是保持资本充足率最低为8%，并制定出一套二级资本合格标准，取消了三级资本和其他子类；二是一级资本充足率最低要求提高到6%，在其构成中仅保留了普通股和留存收益；三是新引入了杠杆率3%的监管要求。不难看出《巴塞尔协议Ⅲ》的主旨，即通过实施更为严格的资本要求，来降低银行的风险承担。

资本与银行风险承担行为的关系一直是学者们争论的热点。在理论研究方面，以弗朗和基利（Furlong & Keeley, 1989）、罗切特（Rochet, 1992）与哈里斯等（Harris et al., 2014）为代表的研究支持资本降低银行风险承担的假说，认为提高银行资本水平，可以降低银行因存款保险制度而导致的道德风险，同时也可以降低银行的风险偏好，优化资产组合，特别是在银行间竞争较为激烈的情况下，提高银行资本可以有效约束银行的风险转移行为；而以巴塔查亚和萨科（Bhattacharya & Thakor，1993）、哲斯科和将（Jeitschko & Jeung，2005）与阿德里安和阿什克拉夫特（Adrian & Ashcraft，2012）为代表的研究，从银行经营杠杆、资本缓冲负效应以及影子银行业务发展的角度，认为在成本压力和高收益驱动下，银行会追求高风险项目，扩张规避监管约束的影子银行业务；还有少数学者认为银行资本与风险承担呈 U 型关系（Calem & Rob，1999；Haq & Heaney，2012）。在实证研究方面，因样本选取的时间段，以及各国经济体制和监管实践的差异，导致结论也不一致（Van-Hoose，2007）。虽然资本与银行风险承担行为关系从影响机理到实证研究观点各异，但是，两者关系的研究在新时期仍然非常重要，这直接关系到《巴塞尔协议Ⅲ》新资本监管框架的有效性，即通过提高银行资本的要求来实现降低银行风险承担的目的。

中国自 1996 年正式成为巴塞尔协议成员国开始，始终致力于完善以资本监管为核心的银行监管，并紧跟巴塞尔协议步伐。以 2004 年颁发的《商业银行资本充足率管理办法》为标志，银行资本监管在中国正式进入实施阶段。在 2008 年全球金融危机之后，《巴塞尔协议Ⅲ》于 2010 年逐步形成，而中国则在 2011 年 6 月和 7 月先后出台了《商业银行杠杆率管理办法》和《商业银行贷款损失准备管理办法》，并于 2012 年 6 月 7 日正式推出"中国版巴塞尔协议"《商业银行资本管理办法（试行）》，在资本监管方面，要求要比《巴塞尔协议Ⅲ》更为严格，主要表现在两个方面：一方面，普通股核心资本最低要求为 5%，高于《巴塞尔协议Ⅲ》最低要求 4.5%；另一方面，杠杆率最低要求为 4%，高于《巴塞尔协议Ⅲ》最低要求 3%。

受压于更为严格的资本监管，中国银行业资本的质和量在提升的同时，风险承担行为会发生怎样的变化？新引入的杠杆率监管，能否对风险加权资本比率监管起到良好的补充作用，共同约束银行的风险承担行为？银行风险承担行为是否会因不同的资本缓冲情况而发生非连续性变化？以上问题的研究，有助于在经济转型时期，更好地实施银行业的资本监管，从而达到有效防范银行个体风险，进而避免银行业系统性风险形成的效果。

就目前来看，各方对《巴塞尔协议Ⅲ》实施更为严格的资本监管及其对经济发展可能产生的影响持有不同见解。美联储前主席伯南克认为,《巴塞尔协议Ⅲ》要求银行持有更多更高质量的资本,提高了银行从危机中恢复的能力,有助于美国经济复苏;欧洲银管局主席恩瑞亚也表示,欧洲的银行现在状态比以前更好,能够支持向实体经济发放贷款;而花旗银行前 CEO 潘伟迪则认为,高的资本比率要求会降低贷款量,放缓资本形成,降低总需求,从而限制经济增长。学术界对这一问题的认识也有差异。代表性观点有:皮克和罗森格伦(Peek & Rosengren, 1997)认为资本约束加重了贷款供给的降低;白偌斯皮德和艾治(Berrospide & Edge, 2010)则认为资本充足率与贷款增长率正相关,即银行资本充足率越高,扩张贷款的动机越大;此外,沙米和考斯玛侬(Chami & Cosimano, 2010)指出,更高的资本和资本缓冲要求,使得银行在遭受资本损失的同时,可以很好地吸收损失,从而无须调整其资产结构和贷款规模。

结合宏观环境可知,当前中国经济呈现出"三期"叠加特征,经济增速有所放缓,出口贸易下滑,经济下行压力大,调整和优化产业结构迫在眉睫。中国企业近 80% 的资金来源于银行贷款,决定了银行贷款行为对经济稳步发展和结构调整具有重要意义。逐步严格的资本监管如何影响银行的贷款行为,特别是在贷款结构方面(公司贷款与个人贷款比例如何划分),以及在典型行业贷款方面(房地产业和制造业贷款如何变化),尤其是对房地产行业的贷款,因其占据较高风险权重,资本消耗较大,新资本监管要求是否会因不同贷款的特点而产生异质性影响?以上问题的研究,有助于在经济转型时期,更好地实施银行业的资本监管,从而促使银行能够在防控风险的前提下,完成金融中介的资金融通功能,助力经济结构调整。

2005 年,普惠金融的概念首次由联合国在"国际小额贷款年"活动中提出,并且呼吁在全球范围内建立普惠金融部门。普惠金融的实质是指力图通过发展小额贷款和微型金融等金融模式来扩展现有金融服务的覆盖范围,尽可能为全社会所有阶层和群体提供合理、便捷、安全的金融服务,以支持实体经济发展和消除不平等(李涛等,2016)。我国当前经济进入转型发展的关键时期,在经济总量提升的同时需要兼顾分配的公平程度,而普惠金融体系的建立一方面可以打破金融垄断，促进金融系统有效竞争，另一方面可以鼓励金融部门支持实体经济中的薄弱环节，促进经济结构转型。然而，小微企业融资难问题不仅是各国政府实践探索的重点，也是各国学者们理论研究的焦点。因此，小微企业是普惠金融所要覆盖的群体。与此同时，个人金融的普适性也与普惠金融建设不谋而合。我国以间接融资为主导的金融体系，决定了银行部门在提供小微企业贷款和个人金融服务中的重要作用。在数量庞大的小微企业群体迅速增长的同时，小微企业对资金的需求也日益增长，而小微企业融资缺口也随之越来越大。与此同时，在居民财富逐渐增加的大背景下，居民对住房、汽车、医疗等资金需求增强。所以，如何鼓励银行发放小微企业贷款和个人贷款，解决小微企业融资难问题，推动个人消费金融发展，成为惠民生、助增长的有效途径。

为了降低新资本监管更为严格的资本要求给实体经济带来的负面影响，鼓励银行发放小微企业贷款和个人贷款，支持经济中的薄弱环节，与之前资本监管框架不同，新资本监管框架明确规定对于符合条件的微型和小型企业债权与个人债权的风险权重为 75%，而一般的企业债权风险权重保持 100% 不变。那么问题来了，新资本监管框架给予小微企业贷款和个人贷款较低风险权重系数的改革，能否激励银行发放小微企业贷款和个人贷款？这一改革是否会影响资本水平与银行小微企业贷款和个人贷款供给行为的关系？

再者，一方面关于不同规模银行小微企业贷款的研究，一直存在"小银行优势"理论的争议，也就是说不同规模的银行发放小微企业贷款的行为有所差异（Keeton, 1995；Berger & Udell, 2006），而且大规模商业银行与小规模商业银行在资金实力与技术水平上也有较大差别；另一方面在新资本监管框架实施过渡期中，不同规模银行资本要求的达标期限也有所差异[1]，这就造成了未来一段时间内资本监管的"双轨制"。此外，资本水平对不同规模

---

[1] 新资本监管标准从 2013 年 1 月 1 日开始执行，系统重要性银行和非系统重要性银行应分别于 2013 年底和 2016 年底前达到新的资本监管标准。

银行风险偏好的影响也有所差别，而小微企业贷款的不良贷款率往往高于大中企业贷款。综上理论研究与现实状况，资本与银行小微企业贷款和个人贷款供给行为的关系是否存在规模差异？新资本监管给予小微企业贷款和个人贷款较低风险权重系数的改革，不同规模银行发放小微企业贷款和个人贷款行为对此的反映程度是否趋于一致？这一改革对不同规模银行资本与小微企业贷款和个人贷款供给行为的关系的影响是否有所差异？以上问题的研究，有助于在经济转型时期，更好地实施银行业的资本监管，从而有效提升银行从事普惠金融的使命感。

第二节　主要研究内容与研究意义

一、主要研究内容

由前述研究背景的论述可知，现阶段对资本与银行风险承担和贷款行为关系的研究不仅十分必要，而且研究空间十分广阔。本书计划从两个平行维度对现有研究进行补充，即资本对银行风险承担行为的影响和资本对银行贷款行为的影响。而且，这两个平行维度又各自分为两个层面来研究，即资本对银行风险承担行为的影响包括直接效应和间接效应两个层面，资本对银行贷款行为的影响包括一般意义上的贷款行为和普惠金融贷款行为两个层面。基本的研究思路是对现有文献进行整理和深入挖掘，然后结合新时期资本、银行风险承担行为及银行贷款行为的变化，拓展既有的研究领域，对资本与银行风险承担和贷款行为的关系做进一步的研究。研究思路如图1.1所示。

图1.1 研究思路

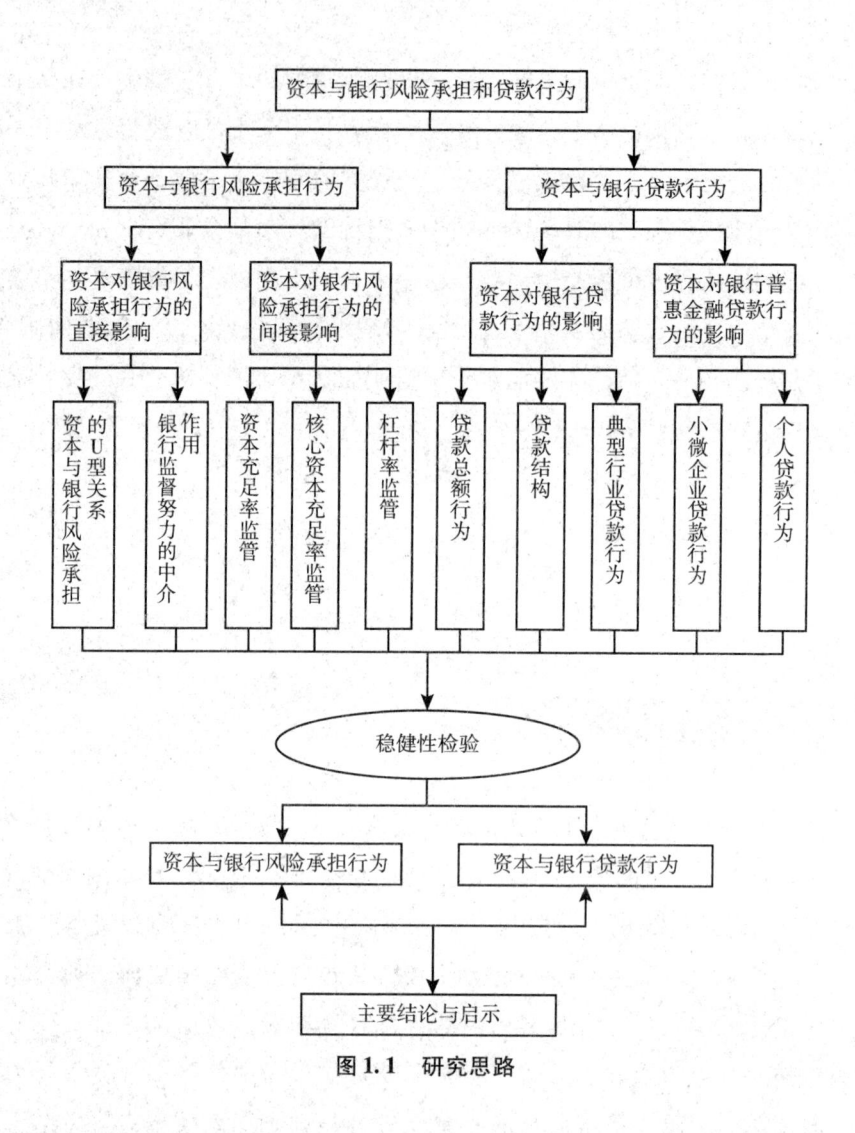

具体说明如下：

第一，资本与银行风险承担行为关系的直接测度。本书通过归纳总结资本与银行风险承担行为关系的相关文献，并且结合当前银行资本稀缺性的现状，提出了资本与银行风险承担行为 U 型曲线的关系模型。与此同时，本书通过整理现有资本与银行监督努力，以及银行监督努力与银行风险承担行为之间关系的相关研究，提出了银行监督努力在资本与银行风险承担行为关系中中介作用的假设。为了验证本书的假说，本书以 84 家商业银行 2004～2015 年的数据为样本，运用爱德华兹和兰伯特（Edwards & Lambert，2007）提出的调节路径分析方法，验证了资本与银行监督努力之间的倒 U 型关系通过银行监督努力的中介传导作用影响到银行风险承担的 U 型曲线关系。本书的主要贡献在于其发展了资本与银行风险承担行为之间 U 型关系的理论和实证依据，揭示了银行监督努力在其中扮演的中介角色。有助于在经济转型时期，更好地实施银行业的资本监管，从而达到有效防范银行个体风险，进而避免银行业系统性风险形成的效果。

第二，资本对银行风险承担行为影响的间接效应。本书从资本监管效力的角度，研究了资本对银行风险承担行为的间接影响。本书在总结前人研究的基础上，运用中国 2004～2014 年 165 家商业银行的数据，通过断点回归的方法来探究资本监管政策对银行风险承担的影响。一方面，本书充分考虑银行持有预防性资本缓冲的特性，通过图形分析找到每一家银行特有的风险不连续点作为断点，同时对断点回归的有效性从经济含义、密度统计图和协变量回归进行三重检验，确保银行风险承担在断点处的跳跃完全由资本监管政策所决定，从而达到解决内生性问题的目的，进而采用非参数回归直接衡量出资本监管对银行风险承担行为的影响程度；另一方面，本书结合资本监管发展的历史沿革，对比不同资本监管阶段对银行风险承担监管效力的差异，同时考虑到监管工具计量的差别，也比较了不同资本监管工具对银行风险承担作用力度的大小。在经济转型和结构调整的背景下，本书有助于提高银行资本监管的执行效率，进而保障银行系统的稳定性。

第三，资本对银行贷款行为的影响。本书在总结前人研究的基础上，并且结合当前经济结构调整的大背景，运用 2004～2015 年 141 家商业银行的数据，采用动态面板模型进行研究。一方面，本书结合资本监管发展的历史沿革，考虑到监管工具计量的特征，比较了不同资本监管工具对银行贷款行为影响的差异；另一方面，本书立足于当前经济结构调整的背景，研究对象除了银行贷款总额外，还重点分析了银行贷款结构以及典型行业贷款的变化。此外，本书还尝试性分析了金融危机时期和新资本监管预期时期，资本对银行贷款行为的影响。本书以资本为切入点，对于银行如何有效配置贷款资源进行研究，对于从资金端助力实体经济结构调整具有重要的意义。

第四，从普惠金融的视角切入，研究了资本对银行小微企业贷款和个人贷款行为的影响。一方面，本书借鉴经典的银行贷款供给的实证模型，探讨了资本对银行小微企业贷款和个人贷款行为的影响。另一方面，本书结合新资本监管框架对小微企业贷款和个人贷款降低风险权重系数改革的准自然实验，采用倍差法测度了政策实施对银行小微企业贷款和个人贷款行为的影响；同时，借鉴范子英和刘甲炎（2015）的方法，深入探讨了改革前后资本对银行小微企业贷款和个人贷款行为影响的差异。此外，本书考虑到现有文献中对不同规模商业银行小微企业贷款和个人贷款供给上的差异，联系不同规模商业银行在新资本监管框架实施过渡期资本达标时间有所差别的现实，研究了资本水平对不同规模商业银行小微企业贷款和个人贷款行为影响的差异，并系统地分析了改革前后资本水平对不同规模商业银行小微企业贷款和个人贷款供给行为影响的差别。本书从新的视角，为解决小微企业融资难问题，促进个人消费金融发展提供了新的思路。

第五，本书对每一部分研究从改变估计方法或者变量置换等方式进行了稳健性检验，确保结论的稳健性。之后，本书根据相应的实证结果，总结研究结论，得到研究启示并对未来的研究进行展望。

二、研究意义

在新资本监管政策对银行资本的质和量都提出了更高要求，中国经济发展进入结构转型的关键时期，普惠金融体系构建的大背景下，研究资本如何影响银行风险承担与贷款行为，从实践的角度来看，主要具有以下几个方面的意义：

首先，在新资本监管实施初期，有利于提高银行微观监管的有效性。纵观《巴塞尔协议Ⅰ》到《巴塞尔协议Ⅲ》的整个历史沿革，离不开提高银行系统稳健性的主题,而中国以银行为主导的金融体系,秉承巴塞尔协议的思想,而新的银行资本监管条例对银行资本质和量的要求比《巴塞尔协议Ⅲ》更为严格。本书充分结合中国银行资本监管发展与演化历程及其特殊性,探讨资本对银行风险承担行为的影响,这无疑有利于银行微观审慎监管效力的发挥,防止监管过严或者监管不足的发生,增强资本监管对银行风险承担行为的约束作用。

其次,在新资本监管框架实施初期,为银行如何做好风险防控与贷款供给提供指引。新时代对银行发展的要求是,银行能够在防控风险的前提下完成金融中介的资金融通功能。新资本监管条例提高了银行资本质和量的要求,银行面临更大的监管压力。与此同时,中国经济进入转型发展的关键时期,不良贷款率升高,银行面临更大的风险压力。此外,随着利率市场化改革的逐步完成,银行融资成本上升。这些都对银行风险的有效防控和贷款资源的有效配给提出了更高的要求。本书研究了资本如何影响银行风险承担与贷款行为,为银行部门如何通过提高自身资本的质与量,做到在风险可控的前提下贷款的有效供给提供建议。

最后,从一个新的视角为多层次银行体系构建,为普惠金融发展提供指引。本书通过探讨资本如何影响银行发放小微企业贷款和个人贷款的行为,从资本的角度,以银行小微企业贷款和个人贷款供给意愿为出发点,为解决小微企业融资难问题和支持消费金融发展提供了新的思路。与此同时,本书还对小额贷款发放的"小银行优势"理论进行了在检验,比较了大规模商业银行与小规模商业银行在小微企业贷款与个人贷款发放方面的差异,从而为银行业金融机构多层次建设提供实证支持。

总的来看,本书不仅能为银行监管部门更好地实施资本监管提供指引,还能为银行部门优化贷款资源配置建言献策,同时也为中国多层次银行体系构建,普惠金融建设提供了重要的经济理论支持。

第三节 主要研究方法

一、研究方法

本书所使用的主要研究方法有：

（一）基于社会学、经济学和行为金融学等相关理论的定性分析法

本书根据相关理论，就资本与银行风险承担和贷款行为的影响效应进行定性分析，从理论上构建资本对银行风险承担和贷款行为影响的综合作用理论模型。

（二）基于计量经济学的建模分析法

本书将根据理论建模和定性分析结果，应用多元统计、调节路径分析方法、断点回归模型、动态面板模型、双重差分模型、样本细分以及工具变量法等多种计量方法，从实证角度检验本研究所提出的多种理论假说。主要的研究模型说明如下：

1. 调节路径分析方法

本书运用爱德华兹和兰伯特（Edwards & Lambert，2007）的一般分析框架中的调节路径分析方法来检验本书所提出的研究假说，因为这种方法能够更完整地分析中介效应模型中所有可能路径上的调节效应，从而可以清楚地揭示出自变量与因变量间中介效应模型路径上，调节效应发生的具体路径。具体来说，这一分析框架的调节路径包含两大回归方程，如下：

$$Y = \alpha_1 + \alpha_2 X + \alpha_3 M + \alpha_4 Z + \alpha_5 XZ + \alpha_6 MZ + \varepsilon_0 \quad (2.1)$$

$$M = \beta_1 + \beta_2 X + \beta_3 Z + \beta_4 XZ + \varepsilon_1 \quad (2.2)$$

其中，Y 为因变量，X 为自变量，M 为中介变量，Z 为调节变量。本书中 Z

与 X 为同一变量，XZ 为自变量的二次项，MZ 为中介变量和自变量的交互项。

方程（2.1）可以综合检验因变量与自变量、调节变量与自变量交互项（即自变量的平方）、中介变量、调节变量以及调节变量与中介变量的交互项的总效应。

方程（2.2）用来检验中介变量与自变量间受"调节变量"的"调节效应"。

2. 断点回归模型

断点回归是一种拟随机实验，此种随机实验定义了这样一个特征，即处理变量 D_i 完全由某连续变量 x_i 是否超过某一断点 c 所决定，x_i 为分组变量。分组规则为 $D_i = \begin{cases} 1 & \text{若 } x_i \geq c \\ 0 & \text{若 } x_i < c \end{cases}$。假设在实验前，结果变量 y_i 与 x_i 之间存在如下线性关系：$y_i = \alpha + \beta x_i + \varepsilon_i (i = 1, \cdots, n)$。为了不失一般性，假设 $D_i = 1(x_i \geq c)$ 的处理效应为正，则 y_i 与 x_i 之间的线性关系在 $x = c$ 处就存在一个向上跳跃的断点。由于在 $x = c$ 附近，个体在各方面均无系统差别，故造成条件期望函数 $E(y_i | x)$ 在此跳跃的唯一原因只可能是 D_i 的处理效应。基于此逻辑，可将此跳跃视为在 $x = c$ 处 D_i 对 y_i 的因果效应。处理效应的局部均衡估计为：

$$\delta \equiv E(y_{1i} - y_{0i} | x = c) = E(y_{1i} | x = c) - E(y_{0i} | x = c)$$
$$= \lim_{x \downarrow c} E(y_{1i} | x) - \lim_{x \uparrow c} E(y_{0i} | x)$$

3. 动态面板模型

动态面板模型是指面板数据解释变量里还有被解释变量的滞后值，具体如下：

$$y_{it} = \alpha + \rho y_{i,t-1} + \beta x_{it} + \mu_i + \varepsilon_{it} \quad (t = 2, \cdots, T)$$

其中，y_{it} 为被解释变量，$y_{i,t-1}$ 为被解释变量的滞后一阶，x_{it} 为解释变量，u_i 为个体异质性的截距项，ε_{it} 为随机扰动项。

4. 双重差分模型

$$y_{it} = \beta_0 + \beta_1 G_i \times D_t + \beta_2 G_i + \gamma D_t + \varepsilon_{it} \quad (i = 1, \cdots, n; t = 1, 2)$$

其中，G_i 为实验组虚拟变量（$G_i=1$，如果个体 i 属于实验组；$G_i=0$，如果个体 i 属于控制组）；D_t 为实验期虚拟变量（$D_t=1$，如果 $t=2$；$D_t=0$，如果 $t=1$）；而交互项 $G_i \times D_t = x_{it}$（取值为 1，若 $i \in$ 实验组，且 $t=2$；反之，取值为 0）。分组虚拟变量 G_i 刻画的是实验组与控制组本身的差异（即使不进行实验，也存在的差异），时间虚拟变量 D_t 刻画的是实验前后两期本身的差异（即使不进行实验，也存在此时间趋势），而交互项 $G_i \times D_t$ 才能真正度量实验组的政策效应。

二、技术路线

本书研究技术路线，如图 2.1 所示。

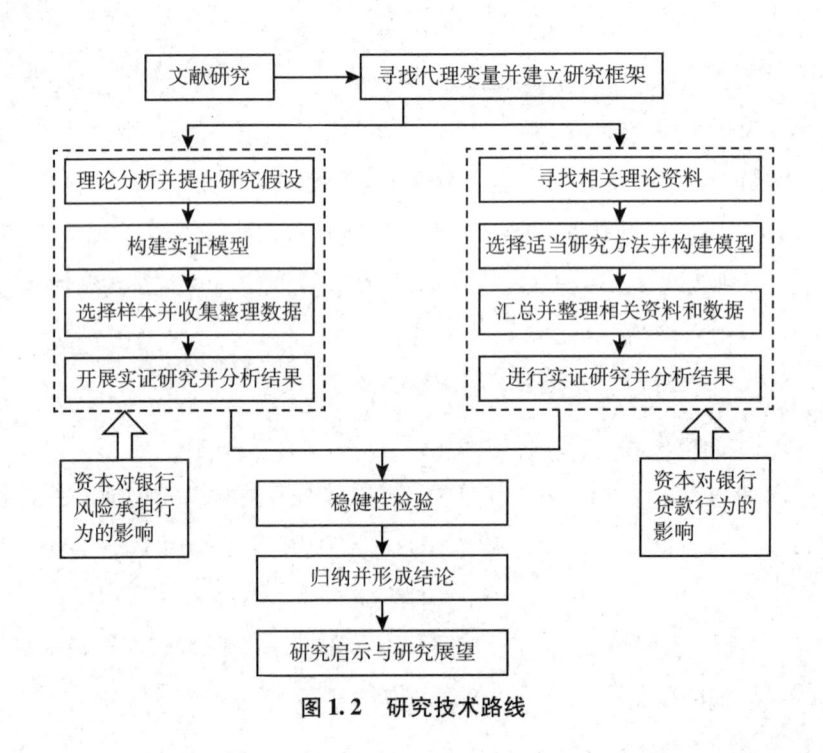

图 1.2　研究技术路线

（1）根据既定的研究目标与研究内容，检索和整理现有文献，进行文献研究，重点分析评述资本对银行风险承担行为与贷款行为的影响机制，为模型构建建立相应的理论基础。

（2）根据文献研究，寻找资本、银行风险承担及各类贷款行为的代理变量，同时结合中国实际建立研究框架并做定性分析，在此基础上，按照资本与银行风险承担行为关系的两个维度（直接效应与间接效应），资本与银行贷款行为关系的三个维度（贷款总额行为、贷款结构及典型行业贷款行为）和一个出发点（普惠金融贷款行为）建立相应的研究框架和具体研究主题。

（3）在资本与银行风险承担行为直接效应方面，进行理论分析并提出研究假说，然后选用合适的实证模型对理论假说进行实证检验。

（4）在资本对银行风险承担行为间接效应方面，选取适当的研究方法对资本监管效力进行测度。

（5）在资本与银行贷款行为方面，搜集各类贷款的特征资料，结合理论分析提出相应的假说，然后选取适当的实证模型对理论假说进行验证。

（6）资本对银行普惠金融贷款发放行为的影响，以新资本监管给予普惠金融贷款风险权重优惠改革为切入点，选用适当的实证模型进行估计。

（7）采用改变估计方法及相关变量置换等方式，对每个研究主题进行稳健性检验。

（8）总结每个研究主题下的研究，形成各自的研究结论，之后归纳形成全书的研究结论。

（9）分析研究结论，并提出相应的研究启示，同时回顾全书相应的研究，提出对未来研究的展望。

第四节　本书的创新之处

（1）补充资本对银行风险承担行为非线性影响实证方面的探讨，并且首次实证检验了银行监督努力在资本与银行风险承担行为关系中的中介作用。资本与银行风险承担行为之间关系的研究结论不一，本书通过归纳总结资本与银行风险承担关系相关理论与实证的文献，同时结合当前中国银行资本水平稀缺性的特征，提出了资本与银行风险承担 U 型曲线的关系模型。此外，本书首次从银行防控风险主动性行为的角度，引入银行监督努力程度作为资本与银行风险承担 U 型关系的中介传导变量。这样将银行监管部门的资本监管政策（银行风险承担的外部因素）与银行监督努力（银行自身防控风险的内部因素）相结合，探讨两者如何达到降低银行风险承担的目的。因此，本书发展了资本与银行风险承担行为之间 U 型关系的理论和实证依据，揭示了银行监督努力在其中扮演的中介角色。有助于在经济转型时期，更好地实施银行业的资本监管，从而达到有效防范银行个体风险，进而避免银行业系统性风险形成的效果。

（2）丰富了资本与银行风险承担行为——资本监管效力视角的研究。本书文献综述部分指出的现有研究所涉及的实证方法不能很好地解决资本、资本监管与银行风险承担互为因果的内生性问题，没有直接衡量出资本监管与银行风险承担行为关系中的因果作用。本书结合中国银行资本监管的历史变革，考虑到银行个体特有的资本缓冲特性，采用断点回归设计，处理了资本与银行风险承担行为的内生性问题；与此同时，对比不同资本监管阶段不同监管工具对银行风险承担监管效力的差异，此外，也考察了银行个体在资本监管下不同的资本容忍度。因此，本书综合了银行资本，同时检验出资本监管与银行风险承担行为的因果关系。

（3）拓展了资本与银行贷款行为的研究。虽然现有文献对资本与银行贷款行为关系做了较为详尽的研究，但还是存在一些进一步研究的空间。例如，现有研究更多地考虑银行发放贷款总额行为变化情况，较少考察银行对不同类型贷款安排的变化，特别是关系国家经济发展的企业贷款、房地产业贷款和制造业贷款的变化；忽视了 2008 年全球金融危机的影响，缺乏资本监管不同阶段风险加权资本比率计量变化的影响；实证模型没有考虑到银行特征变量之间的内生性问题，未选用合适的工具变量，造成研究结论的准确性受到质疑。而本书结合中国资本监管的进程、现状，实证检验资本对银行贷款行为的影响：一是在时段上，应区分中国不同资本监管阶段以及是否处于金融危机时期；二是在影响因素上，应考虑资本充足率、核心资本充足率及杠杆率三种资本监管工具的不同作用；三是在研究对象上，除了考察银行发放贷款总额的行为变化，还要重点分析其对企业贷款、房地产业贷款以及制造业贷款发放的行为变化；四是在实证方法上，应选择内生变量合适的工具变量进行替代，确保结果的准确性。

（4）填补了从资本视角提高银行普惠金融贷款的研究。小微企业融资难以及个人贷款的普适性隶属于普惠金融的范畴，本书从新资本监管给予小微企业贷款和个人贷款风险权重系数优惠的改革出发，一方面，借鉴经典的银行贷款供给的实证模型，探讨了资本对银行小微企业贷款和个人贷款行为的影响；另一方面，结合新资本监管框架对小微企业贷款和个人贷款降低风险权重系数改革的准自然实验，采用倍差法测度了政策实施对银行小微企业贷款和个人贷款行为的影响，同时，借鉴范子英和刘甲炎（2015）的方法，深入探讨了改革前后资本对银行小微企业贷款和个人贷款行为影响的差异。与此同时，本书对现有文献中的"小银行优势"理论进行了再检验。本书从银行资本的视角切入，从银行供给端来探讨普惠金融建设的问题，试图为解决这一问题提供新的思路。

第五节　结构安排

由前述论述可知，本书主要开展资本与银行风险承担行为和资本与银行贷款行为两个方面的研究。其中，资本与银行风险承担行为又分为以下两个层面：资本与银行风险承担关系的直接研究以及银行监督努力的中介作用和资本与银行风险承担间接研究——资本监管效力视角；资本与银行贷款行为的关系又可分为资本对银行贷款总额、贷款结构及典型行业贷款行为的影响，再加上普惠金融贷款（小微企业贷款和个人贷款）行为的变化。每一部分研究都将基本按照既定的技术路线，根据"背景分析—理论分析—实证检验"的研究思路开展研究。在展开具体的研究之前，将进行研究介绍与文献综述，而在分部分的研究之后，将进行稳健性检验并提出结论与启示。本书具体结构安排如下：

第一章绪论。主要介绍研究背景，叙述主要研究内容、研究意义、方法与主要创新等内容。

第二章文献综述。分别回顾了资本与银行风险承担行为关系的相关研究，资本与银行风险承担行为关系——监管效力视角的相关研究，资本与银行贷款行为的相关研究，资本与银行普惠金融贷款行为的相关研究四个方面的相关文献，并对现有文献进行简单评述，点明本书在前人研究基础之上的创新之处。

第三章资本与银行风险承担行为 U 型关系及银行监督努力的中介作用，运用爱德华兹和兰伯特（Edwards & Lambert, 2007）的调节路径分析方法，验证资本与银行风险承担行为之间的 U 型曲线关系，同时检验银行监督努力在其中的中介传导效应，并且尝试性分析了资本与银行风险承担行为在新资本监管过渡期的变化。

第四章资本与银行风险承担行为的关系研究——资本监管效力视角。从资本监管效力视角，进一步探讨资本与银行风险承担行为的关系，采用断点回归设计，处理了银行资本与风险的内生性问题，同时考察了银行个体在资本监管下不同的资本容忍度，综合了银行资本，同时检验出资本监管与银行风险承担行为的因果关系，并对杠杆率监管的有效性做了初步探索。

第五章资本与银行贷款行为关系的研究，采用动态面板系统广义矩估计的方法，分别从贷款总量、贷款结构及典型行业贷款三个维度，结合中国资本监管的进程与现状，实证检验资本对银行贷款行为的影响：一是在时段上，区分了中国不同资本监管阶段以及是否处于金融危机时期；二是在影响因素上，考虑了资本充足率、核心资本充足率及杠杆率三种资本监管工具的不同作用，为从资本监管视角助力经济发展提供证据。

第六章资本对银行普惠金融贷款发放行为的影响——以小微企业贷款为例，从普惠金融的视角切入，研究了给予小微企业贷款优惠风险权重系数的改革对资本与银行小微企业贷款行为关系的影响。首先采用双重差分模型

（DID）测度了新资本监管对小微企业贷款风险权重系数优惠的政策对银行小微企业贷款行为的影响，然后借鉴范子英和刘甲炎（2015）的类三重差分模型，研究了新资本监管对小微企业贷款风险权重系数优惠的政策改革前后，资本与银行小微企业贷款行为关系的变化，与此同时，对小微企业贷款"小银行优势"理论进行了再检验。第六章既是对现有文献的一个补充，也为解决小微企业融资难问题提供新的思路，并为完善中国银行业资本监管有效性提供经验证据。

第七章资本对银行普惠金融贷款发放行为的影响——以个人贷款为例，仍是从普惠金融的视角切入，研究了给予个人贷款优惠风险权重系数的改革对资本与银行个人贷款行为关系的影响。首先采用双重差分模型（DID）测度了新资本监管对个人贷款风险权重系数优惠的政策对银行个人贷款行为的影响，然后借鉴范子英和刘甲炎（2015）的类三重差分模型，研究了新资本监管对个人贷款风险权重系数优惠的政策改革前后，资本与银行个人贷款行为关系的变化。

第八章是研究结论，总结研究结论，提出相应的启示和政策建议，同时也将评述研究存在的不足，对未来的研究进行展望。

| 第二章 |
文 献 综 述

第一节 资本与银行风险承担行为关系的文献综述

一、资本降低银行风险承担的作用机理研究

资本降低银行风险承担的作用机理主要有两个方面。一是道德风险视角。因为储户与银行之间信息不对称，再加上受到存款保险的保护，当银行的权益资本较少时，银行往往存在道德风险问题，有过度风险承担的倾向（Jensen & Meckling, 1976）；但是随着银行持有资本水平的提高，银行股东承担借款者违约损失的比例也随之增大，因此，高水平的资本可以有效遏制银行股东的"道德风险"激励，进而降低银行的风险承担（Furlong & Keeley, 1989）。二是风险偏好视角。当银行的自有资本水平较低，甚至为负数的时候，银行具有强烈的隐藏风险并存在放手一搏的冒险动机；然而，当银行的自有资本水平较高时，银行的风险偏好会发生变化，资本可以促使银行优化投资组合，降低投资风险（Rochet, 1992；黄宪等，2005）。此外，哈里斯等（Harris et al., 2014）分析了银行间竞争对资本监管与风险承担关系的影响，

理论研究发现银行间竞争程度的提高，削弱了资本监管对银行风险承担行为的约束作用，而且激励了银行进行风险转移，降低了自身价值。因此，需要进一步提高银行资本要求，让这种风险转移变得无利可图，从而降低银行风险承担。这一关系得到了雅克和尼格罗（Jacques & Nigro，1997）、吴栋和周建平（2006）、爱屯巴斯等（Altunbas et al.，2007）、李和谢（Lee & Hsieh，2013）与杨新兰（2015）实证研究的支持。雅克和尼格罗（Jacques & Nigro，1997）以美国2570家参与存款保险的银行1990~1991年的数据为样本，采用三阶段最小二乘方法估计联立方程模型，发现银行的资本和风险呈反向变动。吴栋和周建平（2006）以中国1998~2004年商业银行数据为样本，发现资本要求能够显著降低商业银行风险承担。爱屯巴斯等（Altunbas et al.，2007）以15个欧洲国家1992~2000年的银行数据为样本，采用面板数据模型，实证研究发现相对低效的欧洲银行更倾向于持有更多资本来降低风险承担。李和谢（Lee & Hsieh，2013）采用42个亚洲国家1994~2008年的银行面板数据，运用动态面板广义矩估计的方法，发现与投资银行相比，商业银行的资本水平越高，对其风险的抑制作用越大。杨新兰（2015）运用中国上市银行的数据，研究发现2009年以来，随着资本监管约束力度的加大，商业银行在资本充足率低于监管要求时，会增加资本或减少风险资产。

二、资本提高银行风险承担的传导机制研究

资本也有提高银行风险承担的传导机制。卡哈内（Kahane，1977）与金和桑托罗（Kim & Santonero，1988）认为严格的资本监管执行固定的资本要求，再加上存在资本调整成本，银行的经营杠杆降低。此时如果银行的贷款成本较高，严格的资本监管将会降低银行利润获取的能力和预期收益。因此，在成本压力和逐利动机的驱使下，银行受到严格的资本监管，可能会选择一个高风险、高回报的有效前沿，从而间接导致违约概率的增加和银行风险的提高。而哲斯科和将（Jeitschko & Jeung，2005）则是从资本缓冲视角进行了探讨。他们认为当银行的资本水平显著高于监管门槛时，银行因为有较大的

资本缓冲，一方面受到监管部门的监管压力较小，另一方面预期资本缓冲能够很好地吸收风险，此时银行在逐利性驱动下会选择投资高风险项目，从而提高了银行的风险承担。阿德里安和阿什克拉夫特（Adrian & Ashcraft，2012）从影子银行业务发展的视角出发，认为过于严格的资本监管会倒逼银行为了逃避监管约束，从事更多影子银行业务，从而风险承担增大。佩韦（Pettway，1976）、神尼弗斯和达尔（Shrieves & Dahl，1992）、乔基皮和米尔恩（Jokipii & Milne，2011）与金鹏辉等（2014）的实证研究也支持这一观点。佩韦（Pettway，1976）采用美国1971~1974年银行及银行所控股公司的数据，发现资本与资产的比率和风险承担具有非常显著的正相关性。神尼弗斯和达尔（Shrieves & Dahl，1992）以1984~1986年美国商业银行数据为样本，采用三阶段最小二乘估计联立方程模型，研究了银行资本与风险之间的关系，发现银行资本与风险承担存在正向变动的联系。乔基皮和米尔恩（Jokipii & Milne，2011）以美国1986~2008年的商业银行及银行所控股公司为样本，考察了银行资本缓冲变动与风险承担的关系，认为银行提高其资本水平是为了应对风险，然而当银行资本水平较高时，又会倾向于承担更大的风险。金鹏辉等（2014）采用2004年第一季度至2012年第四季度中国银行业整体数据为样本，发现收紧资本监管政策可以有效降低银行的风险承担，然而由于我国资本水平较高，远远高于监管门槛，造成过高的银行资本水平反而使银行风险承担起到了激励的作用。

三、资本与银行风险承担行为之间非线性关系的研究

还有部分研究认为资本与银行风险承担之间存在着非线性关系。卡勒姆和罗布（Calem & Rob，1999）建立了异质性无限期资本动态模型，模型中银行可以在风险项目和无风险项目之间进行自由选择，证明了资本与银行风险承担行为之间呈U型关系，融合了两种对立的观点。对于资本水平低的银行来说，银行资本水平的提高，更多地反映了资本的约束效应，降低了银行的风险偏好，进一步降低了银行的道德风险；但是随着银行资本水平的逐步提

高，达到某一特定的门槛值之后，资本水平再增加，经营杠杆压力增强，充裕的资本缓冲使得银行开始倾向于追逐高收益项目以获得更多利润，从而投资高风险项目，激励银行承担更大的风险。伯杰和德尔（Berger & Udell，1994）与哈克和希尼（Haq & Heaney，2012）的实证研究也支持了这一结论。伯杰和德尔（Berger & Udell，1994）以1979~1992美国银行数据为样本，实证研究发现银行资本可以通过影响银行风险偏好来影响贷款分配，而这一影响并不是线性的，而是呈U型。哈克和希尼（Haq & Heaney，2012）采用15个欧洲国家117家金融机构1996~2010年的数据，发现银行资本与信用风险和系统性风险都呈U型关系，银行风险承担先是随着银行资本水平的提升而降低，但当银行资本达到一定水平后，银行风险承担达到最低，之后随着银行资本水平地继续提升，银行风险承担反而也会上升。

四、银行监督努力在资本与银行风险承担行为关系中的中介作用

存款者惩罚约束视角认为，资本越好，银行对项目实施的监督努力越少。一方面，高杠杆对银行管理者的惩罚约束，鼓励银行管理者积极实施对借款者的监督。但是，当银行资本水平较高时，银行有较多的资本缓冲，从而使得银行管理者可以逃避这种约束，导致银行管理者减少甚至不执行对借款者的监督。另一方面，根据存款支付的顺序式服务特性，利息及本金支付给存款者是按照先到先得的原则执行，直到资本全部耗尽。这条约束机制不仅能够起到约束和惩罚银行管理者的作用，同时也促进了流动性创造（Calomiris & Kahn，1991）。当银行杠杆较高时，存款者被暴露在风险之下。在这种情况下，存款者获取知情权的需求增大，一旦他们获得不利信息，便会立即选择收回存款，而他们的行为又会影响到其他存款者，从而造成银行挤兑。银行挤兑危机也会迫使银行管理者对贷款项目进行细致且完备地监督审查，减少风险的过度承担（Calomiris & Kahn，1991）。然而，与存款者惩罚机制不同，权益资本缺少这种顺序服务的特征，也就起不到与存款者一样的约束。达蒙得和拉詹（Diamond & Rajan，2000，2001）在研究中指出，银行贷款组合的

价值由银行管理者投入对贷款人监督努力的多少所决定，银行管理者为了避免存款者收回存款，会积极地执行对贷款项目的监督，以便获取更高的剩余价值。但是，当银行主要依赖存款者的存款为贷款项目进行融资时，即银行的资本水平较低，存款者就可以通过提早收回存款来对银行管理者施加压力，从而消除银行管理者的剩余价值。银行脆弱的资本结构可以解决持有问题，允许银行通过存款融资，然后转化为贷款，从而形成流动性创造。所以在他们的模型中，当银行资本水平较高时，银行管理者可以规避存款者挤兑的市场约束，造成其投入的监督努力减少，从而降低贷款组合的收益。所以，资本水平较低的银行投入对贷款项目的监督努力较多。

然而，还有一些学者强调了资本约束规则，认为银行资本与其监督努力正相关。霍姆斯特姆和梯若尔（Holmstrom & Tirole，1997）从风险共担的角度出发，认为当银行资本水平较高时，银行破产对于银行所有者来说损失较大，从而提高了银行管理者对借款人的监督。迈赫兰和科尔（Mehran & Thakor，2011）在模型中指出了资本提高银行监督努力的直接与间接效应。首先，是直接效应，银行较高水平的资本可以降低银行破产的概率，提高银行监督努力的边际收益。因此，银行的逐利本质会使得银行选择投入更多的监督努力。其次，是间接效应，当资本水平较高时，银行生存的概率增大，可以获得事前投入监督努力的贷款收益，从而贷款增加，银行会进一步提高监督努力，最终形成正向反馈圈。所以，资本与贷款组合收益正相关，能够提高银行监督努力的程度。亚拉曼和科尔（Jayaraman & Thakor，2013）与巴特和德赛（Bhat & Desai，2016）的实证研究支持了这一结论。亚拉曼和科尔（Jayaraman & Thakor，2013）采用1990~2009年12032家银行的数据，实证研究发现在提升银行监督努力上，资本与存款相比，起到了决定性作用。巴特和德赛（Bhat & Desai，2016）以美国1994~2015年商业银行的数据为样本，借鉴科尔曼等（Coleman et al.，2006）采用银行投入劳动力的质量来衡量银行监督努力的程度，发现资本与银行监督努力具有显著地正向关系。

银行对贷款者及贷款项目投入的监督努力越多，贷款回收的概率越大，从而贷款组合的价值增加，不良贷款率下降，银行风险承担降低（Diamond &

Rajan，2001）。也就是说，银行监督努力与风险承担负相关，银行事前投入的监督努力越多，银行的风险承担越低。科尔曼等（Coleman et al.，2006）与巴特和德赛（Bhat & Desai, 2016）的实证研究也支持了这一观点。科尔曼等（Coleman et al.，2006）采用银行投入的劳动力的质量来衡量银行实施监督努力的能力，以美国1994~1998年资产规模前1000家银行数据为样本，实证研究发现，银行监督努力的程度与未来贷款的质量正相关，这主要体现了银行监督努力会直接影响贷款的期限与贷款利率定价，从而使得银行投入的监督努力越多，其贷款的未来收益也更多。巴特和德赛（Bhat & Desai, 2016）沿用科尔曼等（Coleman et al.，2006）对银行监督努力程度的衡量方法，得到银行监督努力与其不良贷款率显著负相关的结论。

综上所述，现有关于资本与银行风险承担行为的研究在理论与实证方面的结论不一，而从银行自身监督努力角度出发，研究其在两者关系中的传导作用较多地停留在理论层面，缺乏实证研究的支持。然而，银行自身监督努力程度是从银行防控风险的行为出发，理清资本对银行监督努力的影响，对研究资本与银行风险承担的关系具有重要意义，这样可以将监管部门对银行部门资本的监管要求转化为银行自身防控风险的激励，也有助于监管部门进行现场监督，最终达到降低银行风险承担的目的。所以，研究资本与风险承担的关系，需要进一步考察银行监督努力在其中的中介作用，但是，现有文献在这方面的研究较少。

因此，本书通过归纳总结资本与银行风险承担行为关系的相关文献，结合当前中国银行业资本和竞争环境状况，提出了资本通过银行监督努力的中介作用与银行风险承担行为呈U型曲线的关系模型，并且运用爱德华兹和兰伯特（Edwards & Lambert, 2007）的调节路径分析方法，对这一模型进行了实证检验。本书的主要贡献在于其发展了资本与银行风险承担行为之间U型关系的理论和实证依据，揭示了银行监督努力在其中扮演的中介角色。从而，本书有助于在经济转型时期，更好地实施银行业的资本监管，从而达到有效防范银行个体风险，进而避免银行业系统性风险形成的效果。

第二节 资本监管与银行风险承担行为关系的文献综述

一、资本监管与银行风险承担行为关系的理论探讨

现有理论文献关于资本监管对银行风险承担行为的影响没有一致的结论。一种观点认为资本监管能够降低银行的风险承担。夏普（Sharp，1978）运用静态偏好模型分析了银行持有资本对其风险承担行为的影响，发现资本能够有效解决存款保险制度导致的道德风险问题，从而能够降低银行的风险承担。黄宪等（2005）将布卢姆（Blum，1999）的两阶段模型简化为单期，得出较高的资本要求会影响银行对信贷风险的偏好，从而降低银行风险水平的结论。陈海勇和姚先国（2006）通过建立银行资本与风险关系的数理模型，研究资本充足率监管与银行破产概率之间的关系，证明资本监管可以有效降低银行的破产概率。胡杰（2006）采用微观银行理论中的产业组织理论方法，构建了一个包含信用风险和准备金监管要求风险中性的商业银行模型，认为在引入资本监管要求以后，风险中性的银行为谋求利润最大化，行为上会表现得更为风险厌恶。另一种观点认为资本监管能够提高银行的风险承担。金和桑托罗（Kim & Santonero，1988）通过资产风险加权，对组合选择模型进行扩展，发现资本比率不能有效约束银行的风险行为，银行更倾向于提高资产风险来弥补由于资本充足率限制而导致的损失。萨科（Thakor，1996）在垄断和垄断竞争（多个代表性银行）两种情形下扩展信贷配给模型，通过识别资本监管在银行处理逆向选择问题时对潜在借款者甄别行为的作用，侧面印证了资本监管能够激励银行的冒险行为。此外，布卢姆（Blum，1999）采用两阶段模型发现当资本监管在第一阶段起约束作用时，银行风险承担会降低；当资本监管在第二阶段起约束作用时，银行风险承担会提高；而当资本监

在两阶段都起约束作用时,资本监管对风险承担的作用不明确。

此外,关于《巴塞尔协议Ⅲ》新资本监管框架下银行风险承担的理论探讨主要有:布卢姆(Blum,2008)在逆向选择模型的基础上,研究杠杆率与风险加权资本比率相结合监管的优越性,发现当监管者没有能力使得银行报告其真实风险水平时,杠杆率可以激励银行报告其真实风险水平。路基名特沃里(Rugemintwari,2011)建立基于道德风险的理论模型,认为银行可以创造贷款投资组合,从而杠杆率可以提高银行系统的稳定性。相反,斯皮恩索(Spinassou,2013)构建道德风险和逆向选择同时存在的理论模型,银行可以在风险项目和无风险项目之间进行自由选择,研究发现《巴塞尔协议Ⅱ》风险加权资本比率监管可以降低银行支持风险项目的倾向,但是当监管压力过大时,《巴塞尔协议Ⅲ》资本监管框架中杠杆率与风险加权资本比率监管相结合,可能会提高银行的风险承担。

二、资本监管与银行风险承担行为关系的实证检验

同理论研究一致,关于资本监管与银行风险承担关系的实证检验也没有形成统一的观点。代表性的研究主要有三类。

一是资本充足率与银行风险承担行为的关系。神尼弗斯和达尔(Shrieves & Dahl,1992)以美国1983~1987年银行数据为样本,通过联立方程模型发现银行资本调整和风险变动正相关。雅克和尼格罗(Jacques & Nigro,1997)考察了美国1990~1991年银行资本与风险的关系,认为资本水平与风险变动负相关。巴特等(Barth et al.,2004)采用107个国家的数据为样本,研究资本管制指数、不良贷款率与银行危机之间的联系。研究发现当资本监管指数增大时,不良贷款率会有一个并不显著的降低趋势;然而,资本监管指数与银行危机发生与否并没有稳定的联系。吴栋和周建平(2006)以中国1998~2004年商业银行数据为样本,借鉴神尼弗斯和达尔(Shrieves & Dahl,1992)的联立方程模型进行实证检验,结果表明以风险为基础的资本要求能够显著降低商业银行风险承担。王晓龙和周好文(2007)以我国2000~2005年商业

银行数据为样本，实证研究发现我国实施银行资本监管能够促使已达到最低监管要求的银行提高资本充足率和降低银行风险，但对于达不到监管要求的银行，实施银行资本监管并不能促使其提高资本充足率水平和降低风险水平。林等（Lin et al.，2013）认为资本充足率水平低的银行资本与风险的调整是负相关的，且会比资本充足率水平高的银行更快地调整其风险承担行为。

二是从监管压力视角，研究资本监管对银行风险承担行为的影响。冈萨雷斯（González，2005）从控制存款保险制度和国家订立合同环境质量两个因素出发，得出监管压力与银行风险承担正相关。曹艳华（2009）基于商业银行2004～2007年银行年报数据，发现《商业银行资本充足率管理办法》的实施对中国商业银行的风险承担行为产生了显著影响，其资产风险都显著降低。当资本充足率小于最低资本充足性要求时，监管惩罚压力会显著降低股份制商业银行的资产风险；而城市商业银行的资产风险与其资本状况无关，都显著降低。成洁（2014）将资本监管压力分为惩罚压力与预警压力，资本充足率低于监管要求的银行面临惩罚压力，而达到监管要求但与监管要求之差低于其资本充足率的一个标准差的银行面临预警压力。研究发现，惩罚压力对银行资本与风险调整均没有显著影响，预警压力显著提高了资本缓冲不足银行的资本比例调整，对风险调整没有显著影响，研究表明我国商业银行为达到资本监管要求，补充资本的同时又不放弃追求高风险高收益。杨新兰（2015）运用中国上市银行的数据，发现2004～2008年期间，资本监管的实施促使资本不足的银行大幅提高资本水平的作用尚不明显；然而2009年以来，随着资本监管约束力度的加大，商业银行在其资本充足率低于监管要求时，会增加资本或减少风险资产。

三是从监管流程的角度探讨监管强度对银行风险承担行为的影响，代表性的研究有潘敏和魏海瑞（2015），从事前、事中和事后监管的监管流程角度出发，研究表明，相较于事中现场审查而言，银行业监管部门事前发布监管公文和事后违规惩戒措施实施强度的提升，对风险的抑制效应更为明显。

此外，国内外关于杠杆率与银行风险承担行为关系的代表性研究包括：袁鲲和饶素凡（2014）以15家中国上市银行在2003～2012年的数据为样本，考察了杠杆率对银行风险承担的影响,研究结果表明,加入杠杆率约束的资本监管促进了我国商业银行资本水平的不断提高与风险水平的逐步下降,银行资本变动与风险水平变动之间存在显著的负相关关系。贝克和格勒(Baker & Wurgler,2015)采用 CAPM 模型,研究发现杠杆率监管的引入增加了美国金融机构的股权风险和成本。靳玉英和贾松波(2016)基于我国 173 家商业银行 2005~2014 年数据,研究指出只有在利差较小时,杠杆率监管才会使得高风险资产比重上升;同时,杠杆率监管的引入不会给自有资本较高的商业银行资产结构带来影响。

综上所述,本书旨在从以下几个方面做出探索:第一,现有实证研究的文献大多通过联立方程、两阶段或三阶段最小二乘法,来解决资本水平与银行风险承担互为因果的内生性问题,而内生变量的工具变量选取对结果的影响较大,本书采用断点回归方法,处理了资本与风险的内生性问题;第二,现有文献在资本监管对银行风险承担行为影响估计上,一方面,研究风险加权资本比率以及杠杆率对银行风险承担行为的影响,另一方面,衡量监管压力对银行风险行为的约束作用,这些都是从侧面反映资本监管对银行风险承担行为的影响,而不是直接衡量,本书通过对银行风险承担在资本水平断点处跳跃的估计,直接测度了资本监管政策对银行风险承担行为的作用力度;第三,国内研究较少结合银行资本监管的变革,区分时间区段上的差异,然而,2004 年银行资本监管在中国才正式启动并发挥效力,2011 年及后期一系列银行资本监管条例与《巴塞尔协议Ⅲ》资本监管的国际接轨,使得资本监管框架发生较大变革,这些资本监管变革导致资本核算差异可能会对其效力的发挥产生影响,因此,本书根据资本监管改革历程,进行了时间段划分,并重点比较和探讨了新资本监管预期时期资本监管对银行风险承担行为作用效力的变化;第四,现有文献较少结合资本监管不同工具的特点,分类探讨不同工具监管对银行风险承担行为影响的差异,所以本书根据不同监管工具计量上的特点,深入研究了其对于银行风险承担行为影响的差异。因此,本书既是对现有文献的一个补充,也为完善中国银行业监管有效性提供经验证据。

第三节　资本与银行贷款行为的相关研究评述

一、"资本紧缩"假说的相关研究

资本对银行贷款行为影响的文献大多开始于 20 世纪 90 年代初期，主要论点集中于资本监管会导致银行缩减贷款——"资本紧缩"假说。伯南克等（Bernanke et al.，1991）研究指出由于发放给实体经济贷款的损失，使得银行资本短缺，进而限制了银行发放贷款的能力，即衰退时期资本会导致贷款紧缩，也就是说资本约束加重了贷款供给的降低（Peek & Rosengren，1997）。夫基（Furgine，2000）通过构建结构动态模型，并运用美国的数据进行理论模型校准，得出资本监管导致贷款增长放缓的结论。

与上述研究结论不同，巴拉哈斯等（Barajas et al.，2004）以 152 个国家 2893 家银行 1987~2000 年的数据为样本，实证研究银行资本与贷款增长率的关系，结果表明实施巴塞尔资本监管协议之后，银行的资本和贷款都得到了显著提升，也就说资本监管没有导致信贷紧缩。白偌斯皮德和艾治（Berrospide & Edge，2010）采用面板数据模型探讨了银行资本与贷款行为之间的关系，也发现资本对贷款增长有微小的正效应，并分析了不良资产救助计划转变为资本购买计划的可能性。

二、金融危机时期资本与银行贷款行为关系的研究

近几年的研究大多聚焦于金融危机时期，代表性的文献主要有：伽巴科尔塔和马奎斯巴尼斯（Gambacorta & Marqueslbanez，2011）采用 15 个国家 1999~2009 年银行季度数据，实证研究发现核心一级资本在金融危机时期对银行贷款发放起到了积极的促进作用。希门尼斯等（Jiménez et al.，2012）

发现在非金融危机时期,当银行资本充足率水平较高时,不会有更大的放贷倾向;相反,在金融危机时期,银行资本充足率水平越高,其发放的贷款越多。无独有偶,卡尔森等(Carlson et al., 2013)也指出资本充足率对银行贷款行为的影响是非对称的,银行贷款增长率对资本充足率的响应,金融危机及其后期比其他时期更为敏感,而且杠杆率对贷款增长率的影响比资本充足率更大,同时不同类型贷款的反应程度也有所不同。

此外,莱坡迪特等(Lepetit et al., 2015)从银行所有者控制权视角探究银行资本比率变化与贷款行为的关系,结果表明当控制权和现金流权利相同时,银行提高资本充足率不会缩减贷款;然而,当控制权超过现金流的权利时,银行会减少放贷。

三、资本与银行房地产业贷款行为的关系研究

在典型行业贷款研究方面:汉考克和威尔考克斯(Hancock & Wilcox, 1997)运用美国1986~1992年的银行数据,实证研究表明资本充足率要求会导致美国银行降低房地产贷款的供给。皮克和罗森格伦(Peek & Rosengren, 1997)采用1988~1994年日本银行的数据,发现资本充足率要求同样也会导致日本银行降低房地产贷款的供给。

四、国内关于资本与银行贷款行为关系的研究

刘斌(2005)运用16家商业银行的数据,从分机构和总量两个方面研究资本充足率要求对我国贷款的影响,结果表明当资本充足时,银行贷款行为不受影响,而当资本不足时,银行才会缩减贷款,而紧缩效应在经济危机时期更为显著。黄宪等(2005)从银行贷款风险偏好的角度出发,认为严格的资本监管和调整资本充足率的计算方式,使得银行在调整贷款行为时更为谨慎;当资本充足率水平不高时,银行的风险偏好会发生改变,往往会选择降低高风险贷款,因此,推测出银行会更多地降低中小企业贷款。郭友和莫

倩（2006）从资产结构角度出发，通过分析美国1989~1992年和中国1996~1998年间的贷款挤压过程在金融和实体经济部门的表现，发现银行体系在提高资本充足率的过程中，一般会提高债券等低风险资产的比重，进而降低对实体经济的贷款供给；此外，由于房地产贷款在计算风险资产中的比重较大，可能降幅更明显。温信祥（2006）、赵锡军和王胜邦（2007）共同发现中国在1995~2003年时间段内，没有实质性的资本监管实施机制，再加上经济粗放增长、间接融资主导的融资模式与国有银行体制的作用，造成资本充足率对银行贷款供给的影响不明显。

代军勋等（2009）认为具有不同资本特质的银行，在面对相同的资本约束时，会表现出不同的风险偏好，并作出不同的行为选择。对中国银行业的实证分析表明，具有柔性资本特质的低资本充足率水平的银行，当经济处于繁荣期时，面对资本监管当局提高资本充足率水平的要求，非但没有出现信贷紧缩现象，反而出现了信用扩张。张勇（2011）从外部融资视角，发现银行的个体特征会显著影响其贷款行为。其中，资本充足率越高的银行可能会面临越高的外部融资成本，从而贷款的下降幅度越大。王擎和吴玮（2012）以中国1998~2009年175家商业银行的贷款数据为样本，研究了资本监管对银行贷款扩张的影响及作用机制。结果表明资本充足率较低的银行降低了贷款扩张的速度，并且存在规模差异。邹传伟（2013）采用1980~2010年全球企业违约率数据，通过数值模拟的方法发现《巴塞尔协议Ⅲ》逆周期资本监管针对企业信用状况驱动的信贷顺周期性效果较好，而针对资产价格驱动的信贷顺周期性效果有限。许坤和苏扬（2016）考察中国银监会在2013年实施的逆周期资本监管对银行贷款的政策效果，发现逆周期资本监管政策的实施，不仅提高了监管压力较大的银行的贷款增长率，而且监管压力较大的银行在贷款结构中更侧重于抵押贷款、长期贷款和个人贷款。

综上所述，现有研究存在三个方面不足：第一，现有研究资本对银行贷款行为影响的文献，样本多为发达经济体，并且资本监管制度相对成熟，其结论在作为发展中国家以及资本监管相对起步较晚的中国是否适用有待商榷。第二，现有研究更多地考虑银行发放贷款总额的行为变化情况，较少考察银行对不同类型贷款安排的变化,特别是关系到国家经济发展的企业贷款、房地产贷款和制造业贷款的变化。第三,国内关于资本对银行贷款行为影响的研究,一方面,忽视了2008年全球金融危机的影响,缺乏资本监管不同阶段资本充足率及核心资本充足率计量变化的影响;另一方面,实证模型没有考虑到银行特征变量之间的内生性问题,未选用合适的工具变量,造成研究结论的准确性受到质疑。

鉴于上述分析,有必要结合中国资本监管的进程、现状,实证检验资本对银行贷款行为的影响:一是在时段上,应区分中国不同资本监管阶段以及是否处于金融危机期间;二是影响因素上,应考虑资本充足率、核心资本充足率及杠杆率三种资本监管工具的不同作用;三是在研究对象上,除了考察银行发放贷款总额的行为变化,还要重点分析其对企业贷款、房地产贷款以及制造业贷款发放的行为变化;四是在实证方法上,应选择内生变量合适的工具变量进行替代,确保结果的准确性。

第四节 资本与银行普惠金融贷款行为关系的研究述评

一、资本与银行小微企业贷款行为关系的研究述评

资本与银行小微企业贷款行为关系研究的结论不一。第一类观点认为,资本水平与银行小微企业贷款正相关,即资本充足性约束提高了银行小微企业贷款发放的数量。科恩和桑托罗(Koehn & Santomero,1980)与金和桑托罗(Kim & Santonero,1988)通过资产风险加权,对组合选择模型进行扩展,发现资本比率不能有效约束银行的风险行为,银行更倾向于提高资产风险来弥补由于资本充足率限制而导致的损失,所以会增加利率水平较高的小微企业贷款。第二类观点认为资本水平越高的银行发放的小微企业贷款越少,即资本监管约束会减少银行小微企业贷款发放的数量。弗朗和基利(Furlong &

Keely，1989）与罗切特（Rochet，1992）的研究指出，资本约束可以提高银行资产组合的多样化程度，从而降低银行风险偏好，进而减少小微企业贷款。崔（Choi，2000）认为资本充足率管制导致韩国银行贷款供给的下降，进而直接影响企业贷款的供给，特别是中小企业贷款，从而阻碍了经济复苏。伯杰等（Berger et al.，2001）提出的"抑制银行壁垒假设"，认为当银行受到资本约束时，会减少小微企业贷款，特别是在资本抑制与客户经理的收入直接挂钩的情况下，这种抑制作用的力度会更大。第三种观点认为，资本约束不会影响银行的风险偏好，所以不会增加或减少银行对小微企业贷款发放的数量。基利和弗朗（Keely & Furlong，1990）与瑞姆（Rime，2001）研究发现资本约束不会导致银行风险偏好与贷款规模发生变化，也就不会影响小微企业贷款。

国内的研究基本支持资本充足性约束能够减少小微企业贷款的观点，也就是说资本水平越高，银行发放的小微企业贷款越少。这主要是因为研究的样本区间处于我国资本监管初期，此时，银行资本水平较低，受到资本监管的压力较大；而小微企业贷款不良贷款率往往高于大中企业贷款不良贷款率，又没有相应的风险权重系数优惠，消耗资本较多。代表性的研究主要有：刘斌（2005）研究了资本充足性约束与我国银行风险与贷款行为的关系，结果表明资本未达标的银行，资本充足性约束可以缩减其小微企业贷款。黄宪等（2005）构建理论模型，发现资本监管可以改变银行的风险偏好，缩减银行的贷款规模，而我国银行主要会降低中小企业贷款的比重。吴栋和周建平（2006）的实证研究也表明商业银行在资本约束情况下会降低对中小企业的贷款比例，从而以降低资产的整体风险。黄宪和吴克保（2009）实证研究发现，在资本约束下中国银行缩减小微企业贷款是普遍行为，但是不同资本水平的银行对小微企业贷款增速与规模的调整也有较大差异。

此外，不同规模商业银行对小微企业贷款的供给行为也具有明显的差异性，代表性观点主要有两类：一类为"小银行优势"理论，认为与大规模商业银行相比，小规模商业银行在小微企业贷款上更具有比较优势。从关系型贷款角度来说，与大型和中型企业相比，小微企业与银行间的信息不对称更为严重，而小规模商业银行的信贷经理，可以通过长期同小微企业的管理人员、经理层的直接沟通与联系积累"软信息"进行贷款，而大规模商业银行更倾向于利用"硬信息"发放大型企业贷款（Keeton，1995；Strahan & Weston，1998）；从组织结构的角度来说，小规模商业银行具有更加分散的贷款决策权，而大规模商业银行往往层级化与集权化较为严重，这必然导致在利用"软信息"上，小规模商业银行更具优势，从而发放给小微企业的贷款更多（Stein，2002；Liberti & Mian，2009）。另一类为"大银行优势"理论。从贷款技术上来说，大规模商业银行可以通过多元化的交易型贷款技术，创造交易型贷款的规模经济和范围经济效应，弥补其在关系型贷款上的劣势，从而有效服务于小微企业融资（Berger & Udell，2006；De la Torre et al.，2010）；从风险管理的角度来说，大规模商业银行往往资金雄厚，技术先进，风险管控能力要明显优于小规模商业银行，从而在小微企业贷款风险管理上更具有优势（Berger & Black，2011）。国内近几年代表性观点有：白俊和连立帅（2012）研究认为，中小银行是小微企业贷款的主要提供者，应鼓励中小银行跨区域扩张经营，缓解小微企业融资难问题；然而，张晓玫和钟祯（2013）研究发现我国中小银行与中小上市企业的关系度更弱；程超和林丽琼（2015）也指出，随着金融基础设施的完善，银行业竞争程度的加剧，"小银行优势"理论的适用性将逐渐削弱。

综上所述，现有关于资本与银行小微企业贷款行为的研究因理论层面视角不同，导致结论不一。虽然国内研究结论较为统一，但是样本为资本监管建立初期，银行资本水平较低，受到监管压力较大，而在当前银行资本水平较高的情况下，结论是否仍然适用有待进一步讨论；此外，"中国版巴塞尔协议"中新的资本监管框架与之前资本监管不同，对小微企业贷款给予了风险权重系数优惠，这一改革又会如何影响资本与银行小微企业贷款行为的关系，现有研究较少进行探讨。再者，银行规模与小微企业贷款的理论与实证研究不一致，而新资本监管对不同规模的商业银行要求的资本达标时间又有所不同，这造成了未来一段时间内资本监管的"双轨制"，再加上资本水平对不同规模银行的风险偏好影响也有所差别，现有研究也鲜有探讨资本与银行小微企业贷款行为关系的规模差异。

所以，本书旨在从以下几个方面做出探索：第一，探究资本与银行小微企业贷款行为的关系；第二，采用双重差分模型，测度了新资本监管对小微企业贷款风险权重系数优惠的政策对小微企业贷款的影响；第三，借鉴范子英和刘甲炎（2015）的类三重差分模型，研究了新资本监管对小微企业贷款风险权重优惠的政策改革前后，资本与银行小微企业贷款行为关系的变化；第四，本书对上述三方面的研究分别区分银行规模进行对比分析。因此，本书既是对现有文献的一个补充，也为解决小微企业融资难问题提供了新的思路，并为完善中国银行业监管有效性提供经验证据。

二、资本与银行个人贷款行为关系的研究述评

关于资本与银行个人贷款行为关系的研究较少，但是随着普惠金融倡导力度的提升，近几年学者们也开始做尝试性研究，代表性的文献主要有：彭继增和吴玮（2014）以 2004～2009 年我国 143 家商业银行的贷款结构数据为样本，发现资本水平较低的商业银行发放更多的低资本消耗型贷款，个人贷款比例上升，反之亦然。此外，资本水平对贷款结构的影响还存在一定的规模差异，资本约束机制对小银行更有效。刘晓锋等（2016）利用 16 家上市银行 2000～2014 年的面板数据，分析了资本约束对商业银行资产负债表行为的影响，发现资本约束将限制贷款总体规模的增长，但是风险权重较低的个人贷款增速反而更快。许坤和苏扬（2016）主要考察中国银监会在 2013 年实施的逆周期资本监管对银行贷款的政策效果，认为逆周期资本监管政策实施后，因逆周期资本监管对风险权重的不同影响，监管压力较大银行在贷款结构中更侧重于个人贷款。江曙霞和刘忠璐（2016）研究了资本质量对银行贷款行为的影响，发现个人贷款因受到风险权重系数的优惠对银行资本质量的反映程度更为敏感。

综上所述，现有关于资本与银行个人贷款行为关系的研究较少，因样本时间区间差别而导致结论不一。"中国版巴塞尔协议"中新的资本监管框架

与之前资本监管不同,对个人贷款给予了风险权重系数优惠,这一改革又会如何影响资本与银行个人贷款行为的关系,现有的研究较少进行探讨。再者,一方面不同规模银行资金实力,技术水平与风险偏好有所差异,另一方面新资本监管对不同规模的商业银行要求的资本达标时间又有所不同,这造成了未来一段时间内资本监管的"双轨制",现有研究也鲜有探讨资本与银行个人贷款行为关系的规模差异。

所以,本书旨在从以下几个方面做出探索:第一,探究资本与银行个人贷款行为的关系;第二,采用双重差分模型,测度了新资本监管对个人贷款风险权重系数优惠的政策对银行个人贷款发放行为的影响;第三,借鉴范子英和刘甲炎(2015)的类三重差分模型,研究了新资本监管对个人贷款风险权重系数优惠的政策改革前后,资本与银行个人贷款行为关系的变化;第四,本书对上述三方面的研究分别区分银行规模进行对比分析。

| 第三章 |
资本与银行风险承担行为 U 型关系及银行监督努力的中介作用

第一节 假说提出

一、资本与银行风险承担行为的关系

目前中国银行业整体资本状况良好，但是由于新资本监管提高了资本计量标准导致银行资本暂时性下降，而银行对资本的补充速度明显放缓，这主要是因为当前银行经营环境恶化，造成银行资本的稀缺程度增加。在资本消耗方面，经济发展进入结构调整时期，企业经营困难，导致贷款质量下降，银行不良贷款率上升，进一步消耗了银行的资本；而资产质量提升需要的时间较长，资本监管要求下资本补充是一个短期的过程，这造成了银行资本的稀缺（陈珠明等，2014）。在资本补充方面，中国银行业资本补充渠道较为狭窄，主要有四个渠道，分别为利润转增、上市融资、政府注资和发行次级债。随着利率市场化改革的深入，银行间竞争加剧，再加上经济下行压力大，银行议价能力下降，从而盈利能力下降，利润转增渠道补充资本的效果降低；

上市融资仅是上市银行补充资本的渠道，对于广大非上市银行来说无法借助股票市场融资；中小银行很难获得中央政府注资，地方政府的支持力度又非常有限，而且地方政府过多干预反而会进一步降低其资产质量；次级债发放也主要集中于大型与股份制银行，城商行与农商行较少参与（范小云和廉永辉，2016）。因此，从资本消耗以及资本补充两个方面来说，资本对于银行来说是稀缺资源。此外，根据江曙霞和刘忠璐（2016）的研究成果，中国银行业贷款市场的勒纳指数是波动下降的，也就是说银行业间贷款市场的竞争程度逐步加剧，特别是在2013年之后，银行贷款利率全面放开，同时互联网金融迅速崛起，造成银行贷款市场竞争进入白热化阶段。

哈里斯等（Harris et al., 2015）揭示了资本稀缺程度对银行资本与风险承担之间关系的影响。理论研究发现，当银行资本丰厚时，资本监管降低银行风险承担是毋庸置疑的；然而，当资本稀缺时，提高资本要求会使得银行信贷同时投放到净现金流为正和为负的公司，所以资本监管对银行风险承担的影响是不确定的，这取决于信贷在不同净现金流的公司的配给程度。当前资本对银行来说变得越来越稀缺，而新资本监管对资本的质量提出了更高的要求，当银行资本水平显著高于监管要求时，资本缓冲机制和经营杠杆压力占据主导地位，银行为了保持盈利，同时减缓监管压力，会选择扩大影子银行规模，风险承担提高，而随着银行资本水平逐步下降，道德风险和风险偏好机制逐步占据主导地位，在当前银行间竞争逐渐激烈的情况下，较高的资本水平可以有效约束银行的风险承担行为。因此，结合银行资本影响风险承担的理论机理，同时考虑到中国银行业资本稀缺及竞争程度的现实状况，本章据此得到假说1。

假说1：资本与银行风险承担行为呈U型关系。

二、银行监督努力在资本与银行风险承担行为关系中的中介作用

资本与银行监督努力的关系取决于存款者惩罚和资本约束规则的强弱，而这两种约束规则的强弱又取决于银行资本水平的高低。所以，资本水平存在一个门槛值。当资本水平处于门槛值的左右两侧时，两种约束规则的强弱

具有明显的差异性。当资本水平处于临界值左边时，随着资本水平的逐步提高，虽然存款者约束规则逐步减弱，但是银行破产成本提高，资本约束规则较强，银行管理者为了降低破产概率同时获得未来贷款的正收益，会积极地投入监督努力。而当资本水平过高时，银行破产概率较低，存款者的约束规则基本无效，同时资本约束规则的有效性也降低，此时银行管理者为了追求风险项目的高收益，投入的监督努力会减少。所以，本章初步认为，银行资本与监督努力呈倒U型关系，由此得到假说2。

假说2：银行资本与监督努力呈倒U型关系。

银行对贷款者及贷款项目投入的监督努力越多，贷款回收的概率越大，从而贷款组合的价值增加，不良贷款率下降，银行风险承担降低（Diamond & Rajan, 2001）。也就是说，银行监督努力与风险承担负相关，银行事前投入的监督努力越多，银行的风险承担越低。结合假说1和假说2，得到本书的假说3。

假说3：银行监督努力对资本与银行风险承担行为的U型关系具有中介效应。

第二节 研究设计

一、模型构建

由于资本、银行监督努力与银行风险承担行为之间的特殊关系，本章需要做两个层面的检验。一是主效应检验，即资本与银行风险承担行为的U型关系；二是中介效应检验，即资本通过倒U型曲线效应影响银行的监督努力，进而影响银行的风险承担行为，促成了资本与银行风险承担行为的U型关系。所以，本章借鉴爱德华兹和兰伯特（Edwards & Lambert, 2007）的一般分析框架中的调节路径分析方法来检验前文的研究假说，因为这种方法能够更完整的分析中介模型中所有可能路径上的调节效应，从而可以清楚地揭示出自变量与因变量间中介效应模型路径上，调节效应发生的具体路径。具体来说，这一分析框架的调节路径包含两大回归方程，如下：

$$Y = \alpha_1 + \alpha_2 X + \alpha_3 M + \alpha_4 Z + \alpha_5 XZ + \alpha_6 MZ + \varepsilon_0 \quad (3.1)$$

$$M = \beta_1 + \beta_2 X + \beta_3 Z + \beta_4 XZ + \varepsilon_1 \quad (3.2)$$

其中，Y 为因变量，X 为自变量，M 为中介变量，Z 为调节变量。本章中 Z 与 X 为同一变量，即资本，M 为银行监督努力，XZ 为资本的二次项也即此模型中的交互项，MZ 为银行监督努力和资本的交互项。

方程（3.1）可以综合检验因变量（银行风险承担）与自变量（资本）、调节变量（资本）与自变量（资本）交互项（即资本的平方）、中介变量（银行监督努力）、调节变量（资本）以及调节变量（资本）与中介变量（银行监督努力）的交互项的总效应，我们通过方程（3.1）来特别检验资本与银行风险承担行为 U 型关系以及银行监督努力在其间的中介作用。

方程（3.2）用来检验中介变量（银行监督努力）与自变量（资本）间受"调节变量"（资本）的"调节效应"，其实际上是用来检验资本对银行监督努力的倒 U 型曲线影响关系。

二、变量选取

（一）被解释变量

银行风险承担（risk）。本章选用不良贷款率来衡量银行风险承担的大小。

（二）核心解释变量

1. 资本

本章选用资本监管中的资本充足率（car）与核心资本充足率（ccar）来衡量银行的资本水平。

2. 银行监督努力

银行监督努力是指银行为了提高其贷款组合的价值而事先做出的努力。银行事前监督努力做得越好,贷款的偿还率越高,不良贷款率下降,从而银行的风险承担降低。但是银行的监督努力不易观测,需要合适的代理变量。银行虽然可以运用信息技术和自动程序来监督贷款,但是对贷款的监督仍然需要劳动力来进行信息搜集和评估,因此,银行事前的监督努力直接与劳动投入的质量有关,所以选用与银行事前监督努力相关的人工费用支出,可以较好地衡量出在银行监督努力中劳动投入的质量。人工费用的份额(人工费用/非利息支出)可以衡量劳动投入的质量,然而这一指标除了能够反映银行监督努力中劳动投入的质量,也包含了银行资产组合,费用收入业务,盈利效率以及银行规模。因此,为了得到银行监督努力中劳动投入的质量,需要将这些因素的影响控制或者剔除出去,本章借鉴科尔曼等(Coleman et al., 2006)与巴特和德赛(Bhat & Desai, 2016)的方法,通过固定效应模型,将人工费用份额作为因变量,其他非银行监督努力因素为自变量,如方程(3.3)所示。

$$SES_{it} = \alpha_i D_i + \beta X_{it} + \varepsilon_{it} \tag{3.3}$$

其中,SES 为人工费用份额,X_{it} 为其他影响人工费用份额的变量,D_i 为银行个体变量,ε_{it} 为随机扰动项。此时,固定效应的系数 α_i 衡量了银行监督努力中劳动投入的质量,即本章的监督努力程度。X 包含银行资产组合——贷款结构(企业贷款与贷款总额的比值 rcl,企业贷款比例越大的银行,耗费的劳动力及工资相对越少)和负债结构(个人存款与存款总额的比值 rps,个人存款消耗的劳动力及工资更多),费用收入业务(费用收入与收入总额的比值 $rfee$,费用收入业务是劳动密集型的,消耗更多熟练劳动力),盈利效率(资产收益率 roa)和银行规模(对数资产总额 $lnta$)。

为了得到银行监督努力的序列,本章对方程(3.3)实行窗口期为3年的滚动回归,得到相应的系数 α_i 作为银行监督努力程度的第一种衡量方式 $mef1$。此外,本章还直接选用 SES 作为第二种银行监督努力的衡量方式 $mef2$ 作为稳健性检验。

从表3.1可以看出，除了费用收入业务的估计系数不显著外，其他系数均在统计上显著。其中，贷款结构的估计系数为负，与预期相一致，企业贷款占比高的银行消耗的劳动力及工资较少，与之不同，负债结构的估计系数显著为正，说明个人存款占比高的银行消耗的劳动力及工资较多。此外，盈利能力高的银行，劳动力及工资支出相对较多，同样规模大的银行也是如此。

表3.1　　　　　　　　方程（3.3）全样本估计结果

变量	$mef2$
rcl	-0.108** (0.046)
rps	0.063** (0.028)
$rfee$	0.225 (0.140)
$lnta$	0.018*** (0.005)
roa	0.010* (0.008)
常数项	0.0479 (0.128)
R^2	0.152
Obs	630

注：括号内为回归的标准差；*、**和***分别表示在10%、5%和1%显著性水平上显著。

从图3.1可以看出银行监督努力的两种衡量方式的均值走势基本一致，大致可以分为三个阶段。首先，2008年全球金融危机之前，银行监督努力程度呈逐步上升趋势；其次，在全球金融危机时期（2008~2010年），银行监督努力程度在波动中下降；最后，自新资本监管框架开始实施，银行监督努力的程度又逐步提升。

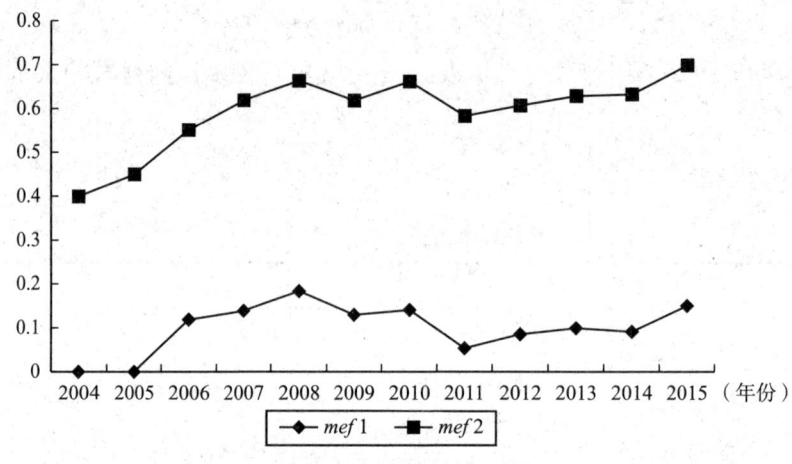

图 3.1　银行监督努力均值走势

资料来源：笔者整理。

（三）控制变量

1. 银行资产负债表层面

银行规模（size），银行规模一般选取总资产的对数作为代理变量（江曙霞和陈玉婵，2012）；银行盈利能力（roa），银行盈利能力一般选用资产收益率作为代理变量（徐明东和陈学彬，2012）；银行流动性水平（dir），本章选取存贷比作为银行流动性水平的代理变量（贾丽平和李旭超，2014）。

2. 宏观环境控制变量

宏观经济环境（ggdp），本章选用 GDP 的同比增长率作为宏观经济环境的代理变量（刘忠璐，2016）；货币政策（gm2），货币政策的代理变量为 M2 的增长率（张宗益等，2012）。见表 3.2。

表 3.2 变量定义

变量类型	变量名称	变量释义	变量符号
被解释变量	银行风险承担	不良贷款率	$risk$
核心解释变量	资本充足率	资本充足率	car
	核心资本充足率	核心资本充足率	$ccar$
	银行监督努力	监督努力中的劳动投入质量	$mef1$
		人工费用/非利息支出	$mef2$
控制变量	资产规模	总资产的对数	$size$
	盈利能力	资产收益率	roa
	流动性水平	存贷比	dir
	宏观经济环境	GDP 同比增长率	$ggdp$
	货币政策	M2 增长率	$gm2$

第三节 实证结果与分析

一、样本选择与描述性统计

本章选取了中国 2004~2015 年 84 家商业银行的数据，包括 5 家大型银行、12 家股份制银行、54 家城市商业银行和 13 家农村商业银行。商业银行数据来源于 CSMAR 和 Wind 数据库，部分缺失数据通过查找商业银行年报获得。

从表 3.3 中各个变量的描述性统计可以看出，用不良贷款率衡量的银行风险承担在数值上差别较大，最大值为 11.410，最小值为 0.000；资本充足率与核心资本充足均值都比较大，说明银行整体资本水平较高，但是银行间资本水平差别较大，资本水平低位的在 2.3% 左右，而高位的超过了 25%；同样，银行间监督努力的程度也有较大差异。在银行资产负债表中控制变量中，银行资产收益率均值为1.098%，存贷比均值要小于之前的70%监管规定。此外，在宏观经济环境与货币政策控制变量中，M2的增长率要显著大于GDP的同比增长率。从表3.3最后一列可以看出，在没有控制其他因素影响的情形下，资本充足率、核心资本充足以及银行监督努力与银行风险承担显著负相关，即资本水平越高，银行付出的监督努力越多，银行的不良贷款率越低；银行盈利能力的提升也能有效降低其风险承担，与之不同，银行流动性越充足，风险承担的倾向越大；同时，银行风险承担还有一定的顺周期效应。

表3.3　　　　　　　　　　变量描述性统计

变量	均值	标准差	最小值	最大值	相关系数（$risk$）
$risk$	1.380	1.178	0.000	11.410	1.000
car	12.354	2.332	2.300	26.090	−0.384***
$ccar$	10.291	2.526	2.320	25.750	−0.311***
$mef1$	0.112	0.148	−0.989	0.797	−0.200***
$mef2$	0.514	0.104	0.001	0.772	−0.004**
$size$	26.223	1.675	22.058	30.732	0.046
roa	1.098	0.395	0.050	3.000	−0.395***
dir	63.436	10.675	21.030	87.500	0.072*
$ggdp$	9.009	1.901	6.900	14.200	0.248***
$gm2$	16.225	4.330	11.010	28.420	0.023

注：*、**和***分别表示在10%、5%和1%显著性水平上显著。

二、资本与银行风险承担行为曲线关系及银行监督努力的中介效应

考虑到银行风险承担时间上的持续性，本章在风险承担方程中加入了被解释变量的滞后一阶，同时考虑到银行资产负债表变量与银行风险承担存在

的互为因果的内生性问题,选用资产负债表变量的滞后一阶值作为工具变量,采用动态面板的系统广义矩估计方法进行估计,而银行监督努力方程采用两阶段最小二乘法进行估计。动态面板系统广义矩估计的 AR(2)检验说明扰动项的差分不存在二阶序列相关,Sargan 检验说明所有的工具变量都是有效的。

从表 3.4 可以看出,资本充足率及其平方项均在 1% 的水平上通过显著性检验,说明资本充足率对商业银行风险承担产生了显著影响。其次是在估计系数方面,资本充足率及其平方项的系数分别为 -0.325 和 0.0131,表明资本充足率与商业银行风险承担之间并非线性关系,而是呈 U 型关系,也就是说商业银行风险承担会随着资本充足率水平的提高首先趋于降低,达到一个谷底后开始逐渐增大,因此假说 1 得到支持。由此可见,由于银行资本的稀缺性,在资本水平临界值的左边,约束道德风险和降低风险偏好占优,资本与银行风险承担负相关;随着资本充足率的提高,资本缓冲机制和经营杠杆压力逐渐增强,超过临界值后,资本与银行风险承担正相关。相对于适度资本水平的银行,过低和过高资本水平的银行风险承担更大。

表 3.4 资本与银行风险承担行为曲线关系及银行监督努力的中介效应检验

变量	银行监督努力			银行风险承担			
	(1)	(2)	(3)	(4)	(5)	(6)	(7)
$size$	-0.008** (0.004)	-0.008** (0.004)	-0.009** (0.004)	-0.045 (0.047)	-0.040 (0.042)	-0.018 (0.036)	-0.039* (0.021)
roa	0.045*** (0.016)	0.0348** (0.0170)	0.029* (0.017)	-0.637*** (0.137)	-0.605*** (0.137)	-0.569*** (0.127)	-0.384*** (0.114)
dir	-0.001** (0.0006)	-0.001* (0.0006)	-0.001* (0.0006)	0.012** (0.005)	0.011** (0.005)	0.010** (0.004)	0.014*** (0.004)
$ggdp$				-0.060*** (0.016)	-0.059*** (0.016)	-0.074*** (0.016)	-0.079*** (0.015)

续表

变量	银行监督努力			银行风险承担			
	(1)	(2)	(3)	(4)	(5)	(6)	(7)
$gm2$				-0.032*** (0.005)	-0.031*** (0.005)	-0.028*** (0.005)	-0.027*** (0.005)
$L.risk$				0.704*** (0.028)	0.706*** (0.027)	0.678*** (0.027)	0.680*** (0.028)
car		0.005 (0.003)	0.027** (0.012)		0.005 (0.0201)	-0.325*** (0.100)	-0.242*** (0.0926)
$car \times car$			-0.001* (0.0004)			0.0131*** (0.004)	0.010*** (0.003)
$mef1$							-2.121** (0.864)
$mef1 \times car$							0.192*** (0.071)
常数项	0.322*** (0.102)	0.256** (0.109)	0.153 (0.122)	2.456** (1.242)	2.308** (1.134)	3.881*** (1.080)	3.445*** (0.811)
R^2	0.039	0.043	0.050				
$AR(2)$				0.396	0.409	0.731	0.876
Sargan 检验				0.999	1.000	1.000	1.000

注：括号内为回归的标准差；*、**和***分别表示在10%、5%和1%显著性水平上显著。

在银行监督努力的中介效应检验方面，首先是银行资本与监督努力的曲线关系。从表3.4第（3）列可以看出，资本充足率及其平方项的估计系数分别为0.027和-0.001，分别在5%和10%的显著性水平上显著，说明了资本充足率与银行监督努力之间呈倒U型关系，意味着银行监督努力程度会随着资本充足率水平的提高首先趋于增加，达到一个峰值后开始逐渐缩小。因此，假说2得到支持。也就是说，当资本水平处于临界值左边时，随着资本水平的逐步提高，存款者约束规则逐步减弱，但是银行破产成本提高，资本约束规则逐渐凸显出来，此时资本约束规则占据主导地位，银行管理者为了降低破产概率同时获得未来贷款的正收益，会积极地投入监督努力；而当资本水平过高时，银行破产概率较低，存款者的约束规则基本无效，同时资本约束规则的有效性也降低，此时银行管理者为了追求风险项目的高收益，投入的监督努力会减少。相对于适度资本水平的银行，过低和过高资本水平的银行实施的监督努力更少。加入了银行监督努力以及银行监督努力与资本充足率的交互项的资本充足率与银行风险承担曲线关系验证模型的结果如表3.4第（7）列所示，资本充足率及其平方项的估计系数依然在1%的显著性水平上显著，分别为－0.242和0.010，再次说明了资本充足率与银行风险承担的U型关系。其次是银行监督努力与风险承担呈现出显著地负相关关系，表明银行投入更多的监督努力，能够显著降低其风险承担（Bhat & Desai, 2016）。综上所述，并结合各个模型的结果可知，资本充足率与银行监督努力之间的倒U型关系会经由银行监督努力的中介作用影响银行风险承担，因而假说3获得支持。银行监督努力对资本与风险承担的U型关系具有中介效应。最后是银行监督努力与资本充足率的交互项的估计系数显著为正，银行监督努力与风险承担之间的负相关关系会受资本充足率的权变影响，说明随着资本充足率水平的提高，银行监督努力与风险承担之间的负相关性减弱了。

在银行资产负债表控制变量方面，第一，商业银行资产规模与银行监督努力和风险承担显著负相关，说明资产规模小的银行投入了更多的人力资源用于贷款的监督，其风险承担更小；第二，商业银行盈利能力与监督努力正相关，而与风险承担显著负相关，表明当商业银行盈利能力水平较高时，会投入更多监督努力，并且追求高风险项目来提高盈利的动机降低，从而其风险承担越小（徐明东和陈学彬，2012）；第三，流动性水平（存贷比）的估计系数在银行监督努力方程中显著为负，而在风险承担方程中显著为正，而存贷比越高，银行流动性水平越低，意味着银行保持良好的流动性，会积极投入监督努力，有助于降低其风险承担（Mussa, 2010）。

在宏观层面控制变量方面，第一，宏观经济环境的估计系数显著为负，决定了商业银行风险承担与经济发展水平息息相关。这意味着当实体经济发展良好时,资产价格会上升,进而抵押物的价值提高,这会降低企业的违约风险,从而银行的不良贷款减少,风险降低(López et al.,2011);第二,宽松的货币政策环境降低了银行的风险承担,准货币增长率较高时,利率相对较低,再融资成本下降,从而降低了现有贷款的违约率(张雪兰和何德旭,2012)。

三、新资本监管过渡时期资本、银行监督努力与银行风险承担的曲线关系

根据2012年《商业银行资本管理办法(试行)》规定,新办法自2013年1月1日起施行,也就是说,从2013年开始资本充足率以及核心资本充足率的核算按照"中国版巴塞尔协议"的规定执行。如前文所述,新规定中对资本的质和量都提出了更为严格的要求,那么资本与银行风险承担曲线关系会发生怎样的变化?银行监督努力的中介效应是否还存在?为了回答上述问题,本章运用2012年之后的银行数据为样本对资本与银行风险承担行为曲线关系及银行监督努力的中介效应进行了检验,结果如表3.5所示。

表3.5　　新资本监管过渡时期资本与银行风险承担行为曲线
关系及银行监督努力的中介效应检验

变量	银行监督努力			银行风险承担			
	(1)	(2)	(3)	(4)	(5)	(6)	(7)
size	-0.016*** (0.005)	-0.014*** (0.005)	-0.015*** (0.005)	0.019 (0.092)	0.026 (0.089)	0.035 (0.082)	-0.036 (0.038)
roa	0.005 (0.024)	-0.010 (0.026)	-0.016 (0.026)	-0.709*** (0.237)	-0.911*** (0.242)	-0.834*** (0.230)	-0.833*** (0.207)
dir	0.001 (0.001)	0.001 (0.001)	0.001 (0.001)	0.025*** (0.009)	0.016* (0.009)	0.020** (0.009)	0.021** (0.008)

续表

变量	银行监督努力			银行风险承担			
	(1)	(2)	(3)	(4)	(5)	(6)	(7)
$ggdp$				-0.199** (0.100)	-0.122 (0.107)	-0.129 (0.101)	-0.171* (0.096)
$gm2$				-0.015 (0.023)	-0.047* (0.026)	-0.046* (0.025)	-0.041 (0.025)
$L.risk$				0.560*** (0.065)	0.551*** (0.066)	0.557*** (0.064)	0.553*** (0.063)
car		0.009 (0.006)	0.104** (0.049)		0.140*** (0.048)	-0.694* (0.372)	-0.776** (0.329)
$car \times car$			-0.004* (0.002)			0.031** (0.014)	0.031** (0.012)
$mef1$							-8.899** (4.409)
$mef1 \times car$							0.685** (0.339)
常数项	0.478*** (0.141)	0.338** (0.165)	-0.253 (0.348)	1.030 (2.777)	-0.270 (2.770)	4.639 (3.736)	7.841*** (2.610)
R^2	0.040	0.051	0.066				
AR（2）				0.730	0.824	0.946	0.949
Sargan 检验				0.257	0.292	0.551	0.783

注：括号内为回归的标准差；*、**和***分别表示在10%、5%和1%显著性水平上显著。

从表3.5可以看出，资本充足率及其平方项的估计系数分别为-0.694和0.031，分别在10%和5%的显著性水平上显著，说明在新资本监管过渡时期，资本充足率与银行风险承担仍然呈U型关系。与此同时，资本充足率及其平方项的估计系数要显著大于全样本估计的结果，表明在U型两侧，资本充足率变化对银行风险承担的影响程度更大。这主要有两方面原因：一是因为新资本监管框架对资本的品质提出了更高的要求；二是因为随着利率市场化改革逐步深入，银行间竞争程度增加，银行盈利能力下降，资本补充的主要方式利润转增受到限制。这些都加剧了银行资本的稀缺程度，使得资本充足率提高的边际成本上升，从而当其未达到谷底点时，对银行风险承担的约束作用更大，而当其超过谷底点时，银行资本优势明显，从而冒险动机增强；此外，U 型关系的谷底点也大于全样本的情况。这主要是由于新资本监管框架对资本的数量要求增加，再加上逆周期资本缓冲计提的要求，一定程度上会提高银行持有的资本缓冲，从而提高了银行资本充足率与风险承担 U 型关系的谷底点。

在银行监督努力的中介效应检验方面，从表 3.5 第（3）列可以看出，资本充足率及其平方项的估计系数分别在 5% 和 10% 的显著性水平上通过检验，说明了在新资本监管过渡时期，资本充足率与银行监督努力之间仍然呈倒 U 型关系。资本充足率及其平方项的估计系数分别为 0.104 和 -0.004，也均大于全样本估计的结果，一定程度上表明银行监督努力对资本充足率的反映程度更为敏感，这也是由于新资本监管框架对银行资本品质要求提高，再加上利率市场化改革深入，加剧了银行资本的稀缺程度，从而导致资本充足率变化一个单位，银行监督努力增加或减少得更多。同样，倒 U 型的峰值点也大于全样本的情况，这也是新资本监管框架对银行资本数量的要求提高，再加上银行持有资本缓冲的特性导致的。从表 3.5 第（7）列可以看出，资本充足率及其平方项的估计系数在 5% 的显著性水平上显著，分别为 -0.776 和 0.031，再次说明了资本充足率与银行风险承担的 U 型关系，而且资本充足率对银行风险承担的影响力度增强。同时，银行监督努力与风险承担呈现出显著地负相关关系，表明银行投入更多的监督努力，能够显著降低其风险承担。综上所述并结合各个模型的结果，在新资本监管过渡时期，资本充足率与银行监督努力之间的倒 U 型关系会经由银行监督努力的中介作用影响银行风险承担，且风险承担对资本充足率的敏感性增强，这源于银行监督努力的中介作用对资本充足率的反映程度更为敏感。此外，资本充足率仍然会影响银行监督努力与风险承担之间的关系。

在银行资产负债表控制变量方面，首先，商业银行资产规模与银行监督努力仍然显著负相关，系数绝对值显著大于全样本的估计结果，说明在新资本监管过渡时期，银行监督努力的规模差异更为明显，但风险承担的规模差异不再显著。其次，虽然商业银行盈利能力与其监督努力仍然不相关，但与风险承担的负相关性增强，表明在新资本监管过渡时期，当银行拥有较高的盈利能力时，追求高风险项目来提高盈利的动机降低更为明显，这主要是因为这段时期是银行转型发展时期，盈利能力好的银行更能从全局出发，进行良好的风险防控，稳中求利，而不过于冒险。最后，流动性水平（存贷比）的估计系数在监督努力方程中不显著，说明在新资本监管过渡时期，流动性水平对银行贷款项目监督努力程度影响不显著；流动性水平（存贷比）在风险承担方程中仍然显著为正，估计系数也显著大于全样本的结果，表明在新资本监管过渡时期，流动性水平对银行风险承担的影响越来越大，这也与在银行转型发展时期，强调流动性管理如出一辙。

在宏观层面控制变量方面，一是宏观经济环境的估计系数显著为负，也大于全样本估计的结果，说明在新资本监管过渡时期，商业银行风险承担与宏观经济环境相关性增强；二是在新资本监管过渡时期，货币政策对银行风险承担的影响不明显。

四、稳健性分析

为了确保本书的结果的稳健性，笔者分别采用变量置换和估计方法改变两种方式对模型进行重新估计。在变量置换方面，采用人工费用份额来衡量银行监督努力和采用核心资本充足率来衡量银行资本。在估计方法方面，对银行风险承担方程采用差分广义矩估计进行重新估计。

（1）人工费用份额来衡量银行监督努力的估计结果，结果如表 3.6 和表 3.7 所示。

表 3.6　　资本与银行风险承担行为曲线关系及银行监督努力的中介效应检验

变量	银行监督努力			银行风险承担			
	(1)	(2)	(3)	(4)	(5)	(6)	(7)
$size$	0.014*** (0.003)	0.014*** (0.003)	0.012*** (0.003)	-0.058 (0.047)	-0.047 (0.0426)	-0.018 (0.036)	-0.009 (0.033)
roa	0.050*** (0.016)	0.004 (0.021)	0.002 (0.021)	-0.650*** (0.135)	-0.628*** (0.136)	-0.589*** (0.126)	-0.530*** (0.117)
dir	-0.0008 (0.0005)	1.01×10^{-5} (0.0006)	-0.0003 (0.0006)	0.013*** (0.005)	0.011** (0.005)	0.011** (0.005)	0.011*** (0.004)
$ggdp$				-0.060*** (0.016)	-0.059*** (0.016)	-0.074*** (0.016)	-0.078*** (0.015)
$gm2$				-0.031*** (0.005)	-0.031*** (0.005)	-0.028*** (0.005)	-0.026*** (0.005)
$L.risk$				0.705*** (0.027)	0.707*** (0.027)	0.683*** (0.027)	0.659*** (0.026)
car		0.017*** (0.005)	0.056*** (0.021)	0.010 (0.021)	-0.323*** (0.100)	-0.597*** (0.123)	
$car \times car$			-0.002* (0.001)			0.013*** (0.004)	0.015*** (0.003)
$mef2$							-5.765*** (2.163)
$mef2 \times car$							0.452** (0.176)
常数项	0.143* (0.077)	-0.062 (0.094)	-0.225* (0.123)	2.769** (1.248)	2.452** (1.157)	3.816*** (1.077)	6.709*** (1.386)
Obs	575	575	575	574	574	574	574
R^2	0.024	0.022	0.032				
$AR(2)$				0.389	0.425	0.736	0.938
Sargan 检验				0.999	1.000	1.000	1.000

注：括号内为回归的标准差；*、**和***分别表示在10%、5%和1%显著性水平上显著。

表 3.7　　新资本监管过渡时期资本与银行风险承担行为曲线
关系及银行监督努力的中介效应检验

变量	银行监督努力			银行风险承担			
	(1)	(2)	(3)	(4)	(5)	(6)	(7)
$size$	0.002 (0.004)	0.004 (0.004)	-0.0004 (0.006)	0.031 (0.090)	0.035 (0.088)	0.035 (0.082)	-0.003 (0.071)
roa	-0.013 (0.020)	-0.040 (0.031)	-0.015 (0.039)	-0.726*** (0.235)	-0.932*** (0.241)	-0.832*** (0.229)	-0.787*** (0.203)
dir	0.001 (0.001)	0.001 (0.001)	0.001* (0.001)	0.024*** (0.009)	0.016* (0.009)	0.021** (0.009)	0.023*** (0.008)
$ggdp$				-0.177* (0.098)	-0.105 (0.104)	-0.120 (0.099)	-0.167* (0.090)
$gm2$				-0.018 (0.023)	-0.051** (0.026)	-0.049* (0.025)	-0.040* (0.024)
$L.risk$				0.562*** (0.064)	0.552*** (0.066)	0.558*** (0.064)	0.511*** (0.062)
car		0.016 (0.014)	0.339* (0.194)	0.145*** (0.047)		-0.726* (0.375)	-1.336*** (0.411)
$car \times car$			-0.013* (0.008)			0.033** (0.014)	0.038*** (0.013)
$mef2$							-10.880** (5.327)
$mef2 \times car$							0.877** (0.415)
常数项	0.429*** (0.103)	0.219 (0.206)	-1.638 (1.120)	0.641 (2.751)	-0.614 (2.743)	4.742 (3.733)	12.570*** (4.465)
R^2	0.020	0.026	0.020				
AR (2)				0.700	0.826	0.984	0.802
Sargan 检验				0.318	0.275	0.631	0.644

注：括号内为回归的标准差；*、** 和 *** 分别表示在 10%、5% 和 1% 显著性水平上显著。

（2）采用核心资本充足率来衡量银行资本，结果如表3.8和表3.9所示。

表3.8 资本与银行风险承担行为曲线关系及银行监督努力的中介效应检验

变量	银行监督努力 (1)	银行监督努力 (2)	银行风险承担 (3)	银行风险承担 (4)	银行风险承担 (5)
$size$	0.015 *** (0.003)	0.013 *** (0.003)	-0.040 (0.043)	-0.007 (0.038)	-0.012 (0.035)
roa	0.029 (0.020)	0.020 (0.020)	-0.651 *** (0.137)	-0.594 *** (0.135)	-0.507 *** (0.126)
dir	-0.0002 (0.0006)	-0.0004 (0.0006)	0.011 ** (0.005)	0.008 * (0.005)	0.009 ** (0.004)
$ggdp$			-0.059 *** (0.016)	-0.070 *** (0.017)	-0.074 *** (0.016)
$gm2$			-0.031 *** (0.005)	-0.030 *** (0.005)	-0.029 *** (0.005)
$L.risk$			0.709 *** (0.027)	0.710 *** (0.027)	0.693 *** (0.026)
$ccar$	0.010 *** (0.004)	0.047 *** (0.017)	0.010 (0.020)	-0.170 * (0.087)	-0.391 *** (0.123)
$ccar \times ccar$		-0.002 ** (0.001)		0.0084 ** (0.0039)	0.010 *** (0.003)
$mef1$					-4.063 ** (1.933)
$mef1 \times ccar$					0.394 ** (0.187)
常数项	0.006 (0.094)	-0.104 (0.104)	2.314 ** (1.179)	2.529 ** (1.139)	4.710 *** (1.311)
R^2	0.033	0.044			
AR（2）			0.360	0.540	0.606
Sargan 检验			1.000	1.000	1.000

注：括号内为回归的标准差；*、** 和 *** 分别表示在10%、5%和1%显著性水平上显著。

表3.9 新资本监管过渡时期资本与银行风险承担行为曲线关系及银行监督努力的中介效应检验

变量	银行监督努力 (1)	(2)	银行风险承担 (3)	(4)	(5)
$size$	0.001 (0.005)	-0.001 (0.006)	0.062 (0.089)	0.076 (0.056)	-0.042 (0.068)
roa	-0.006 (0.024)	-0.0002 (0.027)	-0.805*** (0.229)	-0.305* (0.161)	-0.676*** (0.198)
dir	0.001 (0.001)	0.002* (0.001)	0.015* (0.009)	0.018*** (0.006)	0.020*** (0.007)
$ggdp$			-0.160 (0.010)	-0.243*** (0.063)	-0.206** (0.086)
$gm2$			-0.030 (0.024)	-0.006 (0.016)	-0.022 (0.023)
$L.risk$			0.575*** (0.065)	0.591*** (0.066)	0.539*** (0.063)
$ccar$	-0.004 (0.009)	0.230* (0.118)	0.126*** (0.046)	-0.623*** (0.226)	-1.123** (0.439)
$ccar \times ccar$		-0.011* (0.006)		0.027*** (0.010)	0.029** (0.013)
$mef1$					-10.830** (5.275)
$mef1 \times ccar$					1.0610** (0.485)
常数项	0.489*** (0.178)	-0.708 (0.623)	-0.840 (2.762)	3.264 (2.227)	11.410*** (4.394)
R^2	0.007	0.015			
$AR(2)$			0.741	0.366	0.924
Sargan检验			0.363	0.203	0.331

注：括号内为回归的标准差；*、**和***分别表示在10%、5%和1%显著性水平上显著。

(3) 采用差分广义矩估计来估计银行风险承担方程的估计结果,结果如表 3.10 所示。

表 3.10　　　　　　资本与银行风险承担行为曲线关系检验

变量	全样本				新资本监管预期时期			
	(1)	(2)	(3)	(4)	(5)	(6)	(7)	(8)
$size$	-0.172 (0.115)	-0.147 (0.115)	-0.036 (0.113)	0.289* (0.166)	-0.487 (0.656)	-0.290 (0.808)	-0.274 (0.748)	-0.386 (0.941)
roa	-0.835*** (0.193)	-0.673*** (0.198)	-0.470** (0.184)	-0.585*** (0.221)	-0.761*** (0.223)	-0.938*** (0.212)	-0.837*** (0.286)	-0.807*** (0.243)
dir	0.007 (0.009)	0.005 (0.008)	0.006 (0.008)	-0.003 (0.008)	-0.002 (0.014)	0.001 (0.015)	0.003 (0.014)	0.033** (0.014)
$ggdp$	-0.098*** (0.030)	-0.095*** (0.029)	-0.101*** (0.028)	0.007 (0.040)	-0.693** (0.280)	-0.611 (0.375)	-0.610* (0.351)	-0.823* (0.421)
$gm2$	-0.036*** (0.008)	-0.035*** (0.008)	-0.026*** (0.008)	-0.028*** (0.010)	-0.024 (0.028)	-0.024 (0.029)	-0.021 (0.028)	-0.048 (0.035)
$L.risk$	0.678*** (0.041)	0.681*** (0.040)	0.650*** (0.041)	0.494*** (0.056)	0.362*** (0.119)	0.356*** (0.115)	0.356*** (0.110)	0.185* (0.106)
car		-0.018 (0.028)	-0.488*** (0.141)	-0.403** (0.186)		0.011 (0.067)	-0.977** (0.426)	-1.727*** (0.526)
$car \times car$			0.018*** (0.005)	0.013* (0.007)			0.037** (0.015)	0.066*** (0.020)
$mef1$				-0.658*** (0.128)				-2.119*** (0.493)
$mef1 \times car$				-0.084* (0.049)				0.106 (0.423)
常数项	6.824** (3.467)	6.260* (3.398)	6.002* (3.278)	-3.022 (4.709)	19.39 (19.810)	13.26 (25.100)	19.08 (23.870)	31.55 (29.490)
AR(2)	0.483	0.402	0.713	0.861	0.603	0.583	0.778	0.539
Sargan 检验	0.901	0.971	0.962	1.000	0.370	0.510	0.731	0.595

注：括号内为回归的标准差；*、** 和 *** 分别表示在 10%、5% 和 1% 显著性水平上显著。

从表 3.6 至表 3.10 可以看出，采用变量置换和估计方法改变两种方式对模型进行重新估计的估计系数符号及显著性水平基本一致，说明了本章模型具有较好的稳健性。

本 章 小 结

当前经济转型时期，银行面临不良贷款率上升压力，如何防范银行风险承担的过度集聚，避免银行危机是亟待解决的问题。随着新资本监管框架逐步实施，更为严格的资本监管对银行资本水平提出了更高的要求。高水平的资本是否真正能够达到降低银行风险承担目的？本章首先通过回顾资本影响银行风险承担行为的理论机制，并结合当前资本水平发展与银行风险承担的历史与现实状况，提出了资本与银行风险承担行为的 U 型关系假说，并进一步阐明银行监督努力在资本与银行风险承担行为曲线关系中的中介作用。然后本章选取中国 2004～2015 年 84 家商业银行的数据为样本，实证检验了资本与银行风险承担行为的关系及银行监督努力在其中的中介效应，并尝试性地探究了这一关系在新资本监管过渡时期的情况。

结果表明：第一，资本与银行风险承担行为呈 U 型关系，也就是说，在资本水平临界值左边，约束道德风险和降低风险偏好占优，资本与银行风险承担负相关；随着资本水平的提高，资本缓冲机制和经营杠杆压力逐渐增强，超过临界值后，资本与银行风险承担正相关。相对于适度资本水平的银行，过低和过高资本水平的银行风险承担更大。第二，资本与银行监督努力呈倒 U 型关系，意味着在资本水平临界值左边，资本约束规则占优，资本与银行监督努力正相关；随着资本水平的提高，资本约束优势逐渐减弱，存款者约束逐渐增强，超过临界值后，存款者约束规则占优，资本与银行监督努力负相关。相对于适度资本水平的银行，过低和过高资本水平的银行实施的监督努力更少。第三，银行监督努力对资本与银行风险承担行为的 U 型关系具有中介效应，即资本通过银行监督努力的倒 U 型曲线效应影响银行监督努力，进而影响了银行风险承担行为，促成了资本与银行风险承担行为的 U 型关系。第四，在新资本监管过渡时期，在 U 型关系两侧，资本对银行风险承担行为的影响增大，这源于在倒 U 型关系中，资本对银行监督努力的作用力度增强，且银行监督努力对资本与银行风险承担行为关系的中介效应增强。

  本章的研究结论具有深刻的政策内涵与启示。具体来说，第一，要求银行保持适度的资本水平。因为根据本章的研究，银行资本水平过高或过低，都不利于降低银行的风险承担，维护金融体系的稳定。所以，对于资本水平较低的银行，监管当局需要敦促其提高资本水平，适当施加压力，例如，限制其某些经营权利，给予合适的达标期限；与之不同，对于资本水平过高的银行，需要加以引导，激励其适度规模扩张，但是需重点核查其高风险项目的参与度，降低资本缓冲的负面效应。第二，加强现场审查监管，提升现场检查监管的效率和有效性。从实证研究结果来看，银行监督努力在资本与风险承担关系中扮演了重要的角色。除了第一支柱资本监管外，加强第二支柱现场勘查。一方面，了解银行对贷款以及其他投资项目事前尽职调研的流程以及风险评级等监督事项，避免银行事前监督努力的松懈；另一方面，总结解决现场检查问题解决经验，优化现场监管流程，达到及时有效管控潜在风险的目的。第三，夯实市场约束机制，特别是要发挥股东权利。提高银行信息披露水平，特别是股东利益相关的经营与风险状况，发挥银行股东权利，敦促银行经营者在提高盈利能力的同时，加强风险管理，有效遏制银行经营者的道德风险。

| 第四章 |

资本与银行风险承担行为的关系研究

——资本监管效力视角

第一节 中国银行业资本监管制度变迁

自 1996 年正式成为巴塞尔协议成员国开始，中国始终致力于完善以资本充足率监管为核心的银行监管，并随着经济发展与银行业风险承担的动态变化而进行适应性变革。从总体上说，我国银行业资本监管制度的实施大致可以分为三个阶段（如表 4.1 所示），即 1994~2003 年的资本监管制度软约束时期，2004~2010 年资本监管正式建立并发挥效力时期和 2011 年至今的审慎监管框架下的资本监管时期。

资本监管制度软约束时期（1994~2003 年），以 1994 年中国人民银行发布的《关于对商业银行实行资产负债表比例管理的通知》为标志，通知首次提出了商业银行资本充足率和核心资本充足率的计算方法及最低资本要求，此方法一直延续到 2003 年底。但是，由于当时的制度背景，资本充足率要求只是国有银行资产负债表管理的组成部分，并且没有实际的监管安排，资本监管处于软约束阶段，对于未达标的银行没有严格的惩罚措施，再加上银行商业化改革以及经济粗放式增长，导致当时的资本监管并没有提高银行的资本充足水平，也没有能够有效约束银行经营行为（王胜邦和陈颖，2009）。

表 4.1 中国银行业资本监管制度变迁

资本监管阶段		时间区间	条例法规	制度特点	实施效果（预期影响）
资本监管制度软约束时期		1994~2003年	《关于对商业银行实行资产负债表比例管理的通知》	形成资本充足率计算方法；未建立监管安排	没有促进商业银行资本充足率提高，不能有效约束商业银行经营行为
资本监管正式建立并发挥效力	资本监管正式建立	2004~2006年	《商业银行资本充足率管理办法》	明确规定了资本充足率详细计算方法，监督检查措施以及信息披露内容；资本监管框架相对完整	4家国有银行和14家股份制商业银行不良贷款率下降，资本充足率基本达到8%的要求
	资本监管发挥效力	2007~2010年	《中国银行业实施新资本协议指导意见》	确定了资本协议的目标、指导原则、实施范围、实施方法及时间表；商业银行资本监管制度的总体框架形成	商业银行资本充足率大幅提升，抵御风险的能力显著增强
审慎监管框架下的资本监管		2011年至今	《商业银行杠杆率管理办法》《商业银行贷款损失准备管理办法》《商业银行资本管理办法（试行）》	建立了以资本监管为核心，并涵盖杠杆率监管、贷款损失准备监管、流动性监管的中国银行业审慎监管新框架；监管措施精细化、针对性和可操作性增强	防范银行个体风险集聚，避免银行系统性风险，增强商业银行抵御风险的能力，提升银行业稳健性和竞争力，支持国民经济稳健平衡可持续增长

资料来源：笔者整理。

资本监管正式建立并发挥效力时期（2004~2010年），此阶段可以划分为两个子阶段，分别有对应标志性条例的出台。一是资本监管正式建立时期

(2004~2006年),2004年中国银监会出台了中国资本监管里程碑式的文件《商业银行资本充足率管理办法》,此文件综合了《巴塞尔协议Ⅰ》和《巴塞尔协议Ⅱ》的核心思想,对资本充足率的计算方法做出明确规定,解决了原有资本充足率计算方法的滞后问题,同时赋予资本监管以具体内容,即资本充足率监督检查措施以及信息披露,提高了资本监管的可实施性,资本监管框架较为完整。此办法实施后,到2006年底,4家国有银行和14家股份制商业银行不良贷款率下降,资本充足率基本达到8%的要求,但是全部银行机构的达标率还较低(王胜邦和陈颖,2009)。二是资本监管发挥效力时期(2007~2010年),2007年中国银监会发布了《中国银行业实施新资本协议指导意见》,在2004年《商业银行资本充足率管理办法》的基础上,确定了资本协议的目标、指导原则、实施范围、实施方法及时间表,标志着中国新资本协议实施工作由研究论证阶段进入实际准备阶段,商业银行资本监管制度的总体框架基本形成。此阶段商业银行资本充足率大幅提升,并显著高于最低监管要求,资本的提升使得银行抵御风险的能力显著增强。

审慎监管框架下的资本监管(2011年至今)。2008年的全球金融危机,引发了对《巴塞尔协议Ⅱ》银行监管框架的质疑,随后2010年一系列措施的出台,形成《巴塞尔协议Ⅲ》。中国也紧随国际银行监管步伐,在2011年6月和7月先后出台了《商业银行杠杆率管理办法》和《商业银行贷款损失准备管理办法》,并于2012年6月正式推出"中国版巴塞尔协议"《商业银行资本管理办法(试行)》,在资本监管方面,要求要比《巴塞尔协议Ⅲ》更为严格,对监管资本的质和量要求都有所提高[①]。中国正式建立了以资本监

[①] 资本量的提高:商业银行核心资本充足率从2.5%提高到不低于5%,一级资本充足率从4%提高到6%。同时,要求储备资本2.5%,逆周期资本0~2.5%,系统重要性银行附加资本1%,上述缓冲资本全部由核心一级资本来满足。非系统重要性银行的核心一级资本要达到7.5%~10%,总资本充足率为10.5%~13%,系统重要性银行还要分别增加1个百分点,资本充足率要求大大提高了。资本质的提高,核心一级资本包括:实收资本或普通股、资本公积、盈余公积、一般风险准备、未分配利润、少数股东资本可计入部分;其他一级资本包括:其他一级资本工具及其溢价、少数股东资本可计入部分;二级资本包括:二级资本工具及其溢价、超额贷款损失准备;扣除项目包括:从核心一级资本中全额扣除以下项目,商誉、其他无形资产(土地使用权除外)、由经营亏损引起的净递延税资产、贷款损失准备缺口等。资料来源:根据《商业银行资本管理办法(试行)》整理。

管为核心,并涵盖杠杆率监管、贷款损失准备监管、流动性监管的中国银行业审慎监管新框架,其中杠杆率监管作为微观审慎监管的重要措施,辅助之前的以风险加权资产为基础的资本充足率监管。此外,监管措施更加精细化,针对性与可操作性更强。虽然还没有正式实施,但却拟定了银行明确的过渡期[①]。此阶段的资本监管以预期达到防范银行个体风险集聚、避免银行系统性风险、增强商业银行抵御风险的能力、提升银行业稳健性和竞争力、支持国民经济稳健平衡可持续增长的效果。

纵观中国银行业资本监管进程,可以发现每一次资本监管的改革都是特定历史背景的成果。在经济转型与结构调整时期,资本监管的改革一方面致力于服务当时的银行业改革与经济发展;另一方面又担负起防范银行业风险的过度承担与积累,促使银行在防范风险的前提下完成资金融通的任务。那么,中国银行业资本监管对银行风险承担行为是否产生影响?审慎监管框架下的资本监管,以及传统的风险加权资本比率与微观审慎工具杠杆率的结合,能否有效约束银行的风险承担行为,提高银行抵御不利冲击的能力?这些问题有待进一步探讨。同时,在经济转型和结构调整的背景下,这类研究有助于提高银行资本监管的执行效率,进而保障银行系统的稳定性。

第二节 研 究 设 计

根据前文对现有文献的总结,本章采用断点回归设计来研究资本监管对银行风险承担行为的影响,一方面可以有效解决资本与银行风险承担之间的内生性问题,另一方面可以直接测度资本监管对银行风险承担的作用效力。断点回归由西斯尔思韦和坎贝尔(Thistlethwaite & Campbell, 1960)作为处理效应的估计方法首次使用。李(Lee, 2008)认为在随机实验不可得的情况下,断点回归能够避免参数估计的内生性问题,从而真实反映出变量之间

---

① 《商业银行资本管理办法(试行)》银行资本达标过渡期从2013年开始,直至2018年。

的因果关系。所以,运用断点回归设计,可以很好地解决资本与风险的内生性问题。

断点回归是一种拟随机实验,此种随机实验定义了这样一个特征,即处理变量D_i完全由某连续变量x_i是否超过某一断点c所决定,x_i为分组变量。分组规则为$D_i = \begin{cases} 1 & 若 x_i \geq c \\ 0 & 若 x_i < c \end{cases}$。假设在实验前,结果变量$y_i$与$x_i$之间存在如下线性关系:$y_i = \alpha + \beta x_i + \varepsilon_i$($i=1, \cdots, n$)。为了不失一般性,假设$D_i = 1$($x_i \geq c$)的处理效应为正,则$y_i$与$x_i$之间的线性关系在$x = c$处就存在一个向上跳跃的断点。由于在$x = c$附近,个体在各方面均无系统差别,故造成条件期望函数$E(y_i | x)$在此跳跃的唯一原因只可能是D_i的处理效应。基于此逻辑,可将此跳跃视为在$x = c$处D_i对y_i的因果效应。处理效应的局部均衡估计为:

$$\delta \equiv E(y_{1i} - y_{0i} | x = c) = E(y_{1i} | x = c) - E(y_{0i} | x = c)$$
$$= \lim_{x \downarrow c} E(y_{1i} | x) - \lim_{x \uparrow c} E(y_{0i} | x)。$$

本章通过分析银行资本水平是否低于监管要求的门槛,来识别资本监管对银行风险承担行为的影响。本章中分组变量分别为银行资本充足率(car)与核心资本充足率($ccar$),而断点为临界值,决定银行是否受到资本监管的影响,进而通过估计银行风险承担在断点处的跳跃,直接测度资本监管对银行风险承担行为影响的因果效应。

一、银行资本水平断点确定

根据资本监管门槛标准确定银行是否受到监管惩罚,资本充足率8%与核心资本充足率6%[①]自然成为起始断点。但是,理论与实证研究都表明,银行倾向于持有预防性资本缓冲,来减小被惩罚的压力(Berger et al., 2008),所以,银行自有的资本水平目标往往高于监管资本水平要求,而不是独立于

---

① 2012年《商业银行资本管理办法(试行)》中规定一级资本充足率为6%。

资本监管水平。除此之外，可观测的或者不可观测的银行特征因素也决定了银行对资本监管反映的特定断点。例如，伯杰等（Berger et al.，2008）研究发现规模较小或者获得外部资金渠道较少的银行更倾向于持有资本缓冲，且存在这一现象是由于这类银行与规模较大或者资本较好的银行相比，没有良好的获取资金的渠道，所以其资本持有的灵活度较低。从预防性的角度来看，小规模银行会持有更多的缓冲资本。除了资产负债表中可测因素对银行断点的影响之外，如治理方面等比较难以衡量的因素也会影响银行的断点。所以，考虑到上述问题，按照标准断点回归方法的步骤，本章首先通过图形分析找到每一家银行特有的风险不连续点作为断点，这样可以充分考虑到银行持有资本缓冲的特性，避免采用监管门槛值作为断点，造成对资本监管政策与银行风险承担因果关系估计的偏误；然后本章对断点的内部有效性从经济含义、密度统计图和协变量回归进行三重检验，确保银行风险承担在断点处的跳跃完全由资本监管政策所决定，从而达到解决内生性问题的目的；进而采用非参数回归直接衡量出资本监管对银行风险承担行为的影响程度（Bonner & Eijffinger，2015）。

按照标准断点回归的方法，本章绘制了每一家银行风险承担与资本水平（资本充足率与核心资本充足率）的图形（如图4.1和图4.2所示），从图形中找到银行特有的断点。

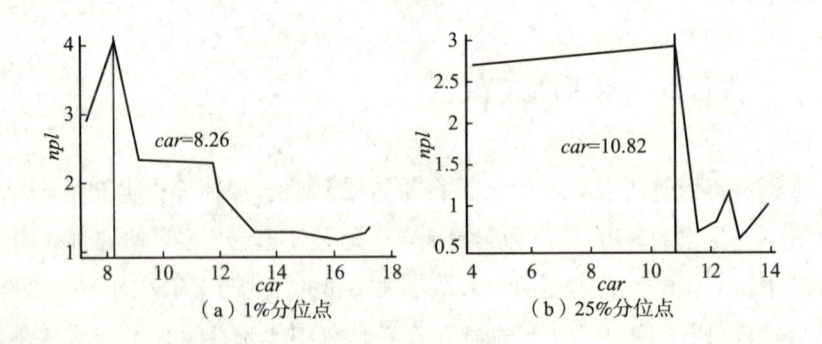

（a）1%分位点　　　　　（b）25%分位点

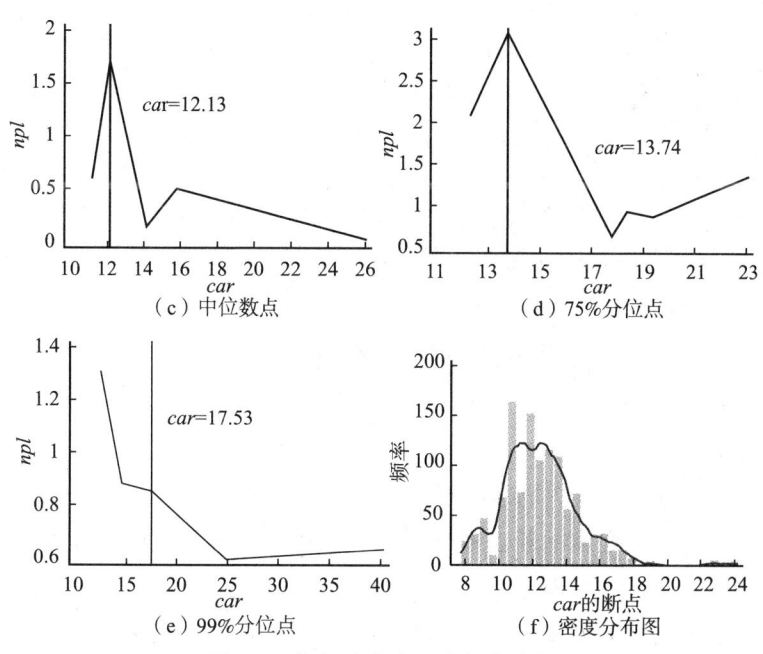

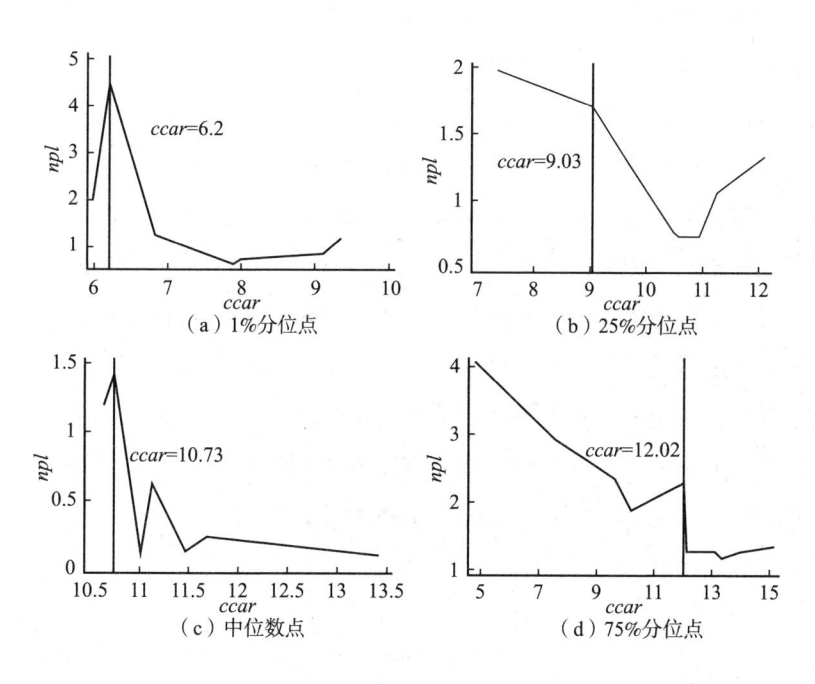

图 4.1 银行资本充足率断点分布

资料来源：笔者所整理。

（e）99%分位点　　　　　　　　（f）密度分布

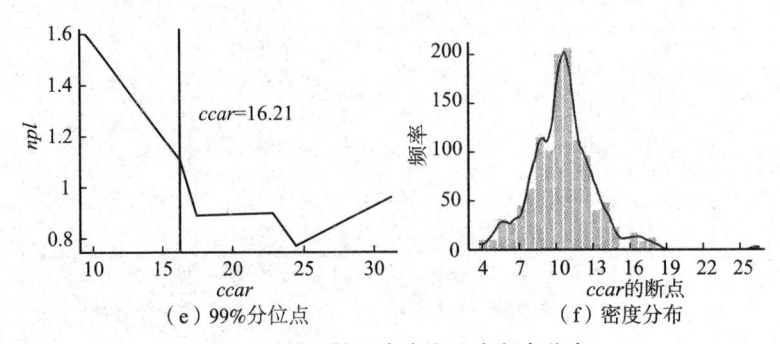

图 4.2　银行核心资本充足率断点分布

资料来源：笔者所整理。

从图 4.1 和图 4.2 可以清晰地看出：第一，不管是资本充足率还是核心资本充足率，银行之间的断点差异化明显；第二，银行风险承担在断点处是非连续的。从资本充足率断点的分布可以看出，最低百分比的银行基本上与监管要求 8% 的门槛值相近；有一半的银行资本充足率断点在 10.82% ~ 13.74% 之间；而 99% 分位点处的资本充足率断点为 17.53%。同样，核心资本充足率断点最低百分比的银行基本上与新监管要求 6% 的门槛值相近；有一半的银行的核心资本充足率断点在 9.03% ~ 12.02% 之间；而 99% 分位点处的核心资本充足率断点为 16.21%。可见，银行持有预防性资本缓冲是具有普遍性的，而且资本缓冲的多少也具有显著的差异；同时，银行个体风险承担基本随着资本充足水平的提高而呈现递减趋势。图 4.1 和图 4.2 印证了之前研究的结论，银行往往倾向于持有资本缓冲，处于资本监管要求的门槛之上；同时，也印证了本书的出发点，可测及非可测因素使得银行有各自特有的资本充足率或核心资本充足率断点。如果将资本监管要求的门槛作为断点，所有银行共用一个断点水平，势必会降低资本监管与银行风险承担因果关系估计的准确性。因此，本章按照标准断点回归的方法，找到每一家银行特有的断点，避免了上述问题，使得资本监管政策对银行风险承担的影响得到较为准确的测度。

二、断点回归的内部有效性检验

在确定了银行资本充足率与核心资本充足率特定的断点之后，按照标准断点回归的步骤，需要检验断点回归的内部有效性。断点回归的内部有效性是指个体不能精确地控制分组变量。李和勒米厄（Lee & Lemieux，2010）指出当个体不能精确地控制分组变量时，即使非常临近断点值，个体也有相同的概率在断点值的上面或者下面。事实上，由于市场中其他参与者的影响，如利率变化、资产价值变化、中央银行政策变化、合作者违约等，都会导致银行个体不能准确地控制其资本充足水平，从而银行个体不能精确地选择在特有断点处的上面或者下面。银行对其资本充足率与核心资本充足率的控制力如库拉乌（Klaauw，2002）在学生掌控其高中成绩能力的研究中，即使学生有充足的信息知道奖学金分组的门槛值，也不能完全控制其成绩。

虽然本章不能完全控制的假设是从经济含义直观上而言的，不能进行检验。而李和勒米厄（Lee & Lemieux，2010）中指出分组变量整体分布的连续性可以潜在地测试能否完全控制的假设。正如麦克拉里（McCrary，2008）所认为的，如果分组变量的密度对每一个个体是连续，那么，总体的边际密度也应该是连续的。然而，密度检验只能检验断点回归的有效性，对于断点回归的识别并不是充分必要的。

为了进行此项检验，本章生成了一个新的变量，用来衡量银行资本充足率和核心资本充足率与其特有断点的距离。如图4.3所示，不管是资本充足率还是核心资本充足率，其与断点距离的总体密度是连续的。根据麦克拉里（McCrary，2008）的研究，如果个体能够精确控制分组变量的水平，就会出现在低于断点值一边，观测值明显较少，而在高于断点值的一边，观测值会明显较多。然而，这种情况在图4.3中都没有出现。

根据李和勒米厄（Lee & Lemieux，2010）的研究，检验断点回归有效性的另一种分析方法是，检验协变量在断点两侧是否是均衡的。这个检验可以通过回归的方式进行，说明银行个体特征变量在断点两边是平滑的。需要指出的是，加入协变量的好处在于，如果这些协变量对于被解释变量有解释力，则可以减少扰动项方差，使得估计更为准确；但是，由于断点回归可视为局部随机实验，故是否包括协变量并不影响断点回归估计量的一致性。

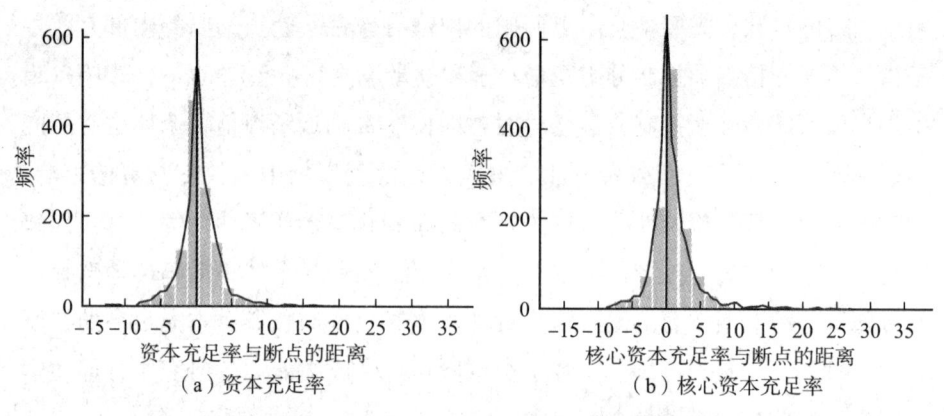

图 4.3　资本比率与断点值距离的频率密度

资料来源：笔者所整理。

根据现有文献，本章选取以下协变量：银行杠杆水平（ler）、银行效率水平（cir）和银行流动性水平（dir）。其中，银行杠杆水平以股东权益与资产总额的比值代表，银行效率水平以成本收入比衡量（江曙霞和陈玉婵，2012），银行流动性水平以存贷比代表（贾丽平和李旭超，2014）。自变量为衡量资本充足率与核心资本充足率是否高于断点值的虚拟变量（$dumcar$，$dumccar$）。在此基础上，本章根据李和勒米厄（Lee & Lemieux，2010），采用似不相关回归方法对各变量的系数值进行估计①。估计结果如表 4.2 所示，因变量为协变量的滞后一阶。同时，为了直观地反映协变量滞后一阶在断点处没有显著地非连续性，本章描绘了断点两侧协变量滞后一阶均值的线性拟合曲线及其 95% 的置信区间，如图 4.6 子图（a）~（c）所示。

---

①　似不相关回归可以检验出银行个体资本充足率和核心资本充足率与其断点距离的估计系数是否是联合不显著的。

表 4.2　　　　　　　协变量滞后一阶似不相关回归的结果

变量	L.ler (1)	L.cir (2)	L.dir (3)	L.ler (4)	L.cir (5)	L.dir (6)
$dumcar$	−0.054 (0.151)	−0.434 (0.506)	−0.676 (0.687)			
$dumccar$				0.249 (0.153)	−0.275 (0.513)	0.962 (0.696)
常数项	6.785*** (0.113)	34.900*** (0.378)	64.020*** (0.513)	6.606*** (0.118)	34.830*** (0.396)	63.070*** (0.538)
观测值	1007	1007	1007	1007	1007	1007
R^2	0.000	0.001	0.001	0.003	0.000	0.002

注：L.表示变量的滞后一阶；括号内为回归的标准差；*、**和***分别表示在10%、5%和1%显著性水平上显著。

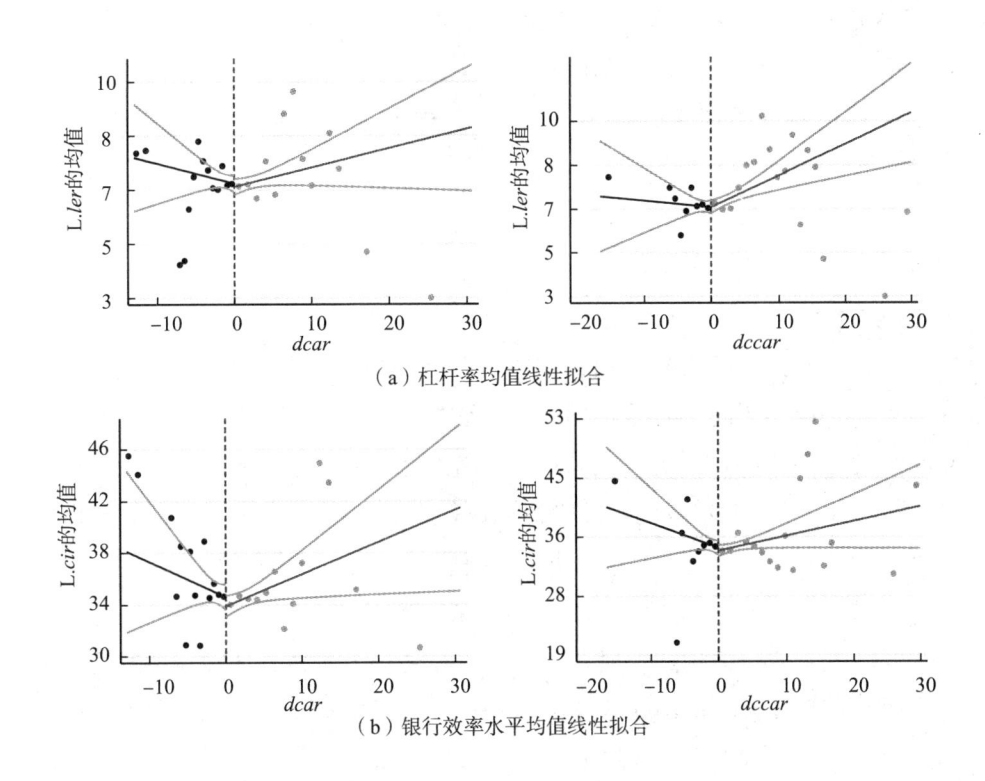

(a) 杠杆率均值线性拟合

(b) 银行效率水平均值线性拟合

(c)银行流动性水平均值线性拟合

图4.4 协变量滞后一阶线性拟合

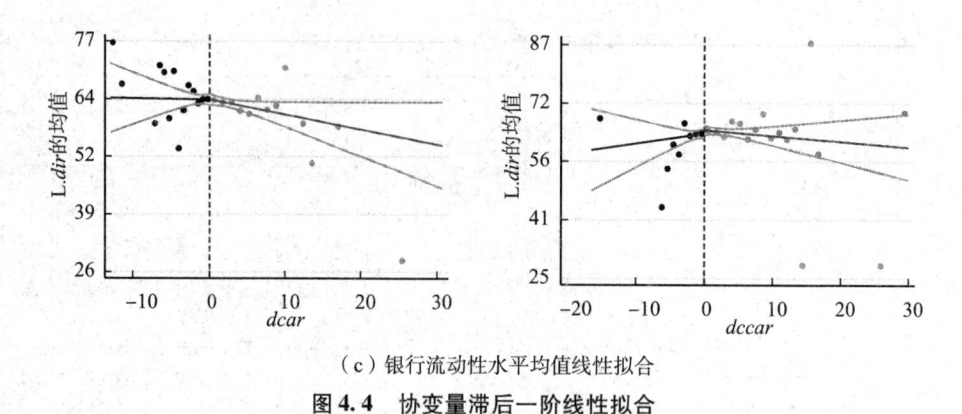

资料来源：笔者所整理。

从表4.2可以看出，描述银行资本充足率和核心资本充足率是否大于断点的虚拟变量 $dumcar$ 和 $dumccar$ 的估计系数在统计上都不显著，说明协变量在资本充足率以及核心资本充足率断点处是连续的。而这个结论也可以从图4.4子图（a）~（c）直观地看出。

上述检验一定程度上也说明了本章样本中断点回归的有效性不容置疑。

三、断点回归方程设定

断点回归分为模糊断点回归和精确断点回归。李和勒米厄（Lee & Lemieux, 2010）指出精确断点回归的特征是在断点处，个体得到处理的概率从0跳跃至1，而模糊断点回归的特征是在断点处，个体得到处理的概率从0跳跃至小于1。考虑到本章能够准确估算银行个体所特有的断点，而银行在断点处有没有受到资本监管的影响也随之揭晓。因此，本章采用标准的精确断点回归方法。

关于断点回归的估计，现有文献中主要区分了参数方法和非参数方法。正如罗伯茨和怀特（Roberts & Whited, 2012）所描述的那样，这两种方法是关于估计效率与偏误之间的权衡。从哈恩等（Hahn et al., 2001）开始，非参数估计的方法在现有文献中更为常用。一个主要的原因是参数回归的设定偏误风险逐步提高（Lee & Lemieux, 2010）。李和勒米厄（Lee & Lemieux, 2010）研究指出设定偏误是较为普遍的问题，但在断点回归中尤为严重。当设定误差全局最小化时，线性模型可以由线性预测值所解释，从而可以忽略设定偏差；与之不同，断点回归依赖于断点周围的局部数据，而不能实现全局最小化。借鉴哈恩等（Hahn et al., 2001）与麦克拉里和罗耶（McCrary & Royer, 2011）的研究成果，本书用非参数方法对模型进行估计。本章的估计方程设定如下：

$$risk_{it} = \beta_0 + \beta_1 dumcar_{it} + \beta_2 dcar_{it} + \beta_3 (dumcar \times dcar)_{it} \\ + \beta_4 controls_{it} + \varepsilon_{it} \qquad (4.1)$$

$$risk_{it} = \beta_0 + \beta_1 dumccar_{it} + \beta_2 dccar_{it} + \beta_3 (dumccar \times dccar)_{it} \\ + \beta_4 controls_{it} + \varepsilon_{it} \qquad (4.2)$$

其中，risk 为银行风险承担，如前文所述选用银行不良贷款率来衡量。方程（4.1）和方程（4.2）的右边，借鉴李和勒米厄（Lee & Lemieux, 2010）与罗伯茨和怀特（Roberts & Whited, 2012）的模型设定方式，选取一般的断点回归模型。方程包括虚拟变量 dumcar 和 dumccar，分别为银行资本充足率与核心资本充足率是否大于其断点值的虚拟变量，大于断点值取值为 1，否则为 0。为了避免银行资本充足率和核心资本充足率对结果的影响，方程中还包括了变量 dcar 和 dccar，用来反映银行资本充足率和核心资本充足率与其断点值的距离。正如罗伯茨和怀特（Roberts & Whited, 2012）所强调的，加入分组变量减去其断点值，能够确保截距项的值反映的是在断点上的回归结果。同时，允许在断点两侧回归方程可以存在差异，本章也加入了交互项（dumcar × dcar 和 dumccar × dccar）。为了确保断点回归的有效性，本章还加入了协变量作为控制变量，即杠杆水平滞后一阶（L.ler）、效率水平滞后一阶（L.cir）和流动性水平滞后一阶（L.dir），这有助于断点回归在不同带宽和不同多项式回归时有效性的确保。

非参数回归中带宽的选择对结果估计的好坏有一定影响。本章采用爱慕贝斯和歌莉娅尼亚拉曼（Imbens & Kalyanaraman，2012）的拇指规则来选择带宽，并在断点两侧选择相同的带宽。拇指规则的原理为最小化两个回归函数在断点处的均方误差来选择最优带宽，即：

$$h^* = \arg\min_h E\{[\hat{m}_1(c) - m_1(c)]^2 + [\hat{m}_0(c) - m_0(c)]^2\}$$

其中，$m_1(x) = E(y_1|x)$，$m_0(x) = E(y_0|x)$，则局部平均处理效应为 $\delta = m_1(c) - m_0(c)$，$\hat{\delta} = \hat{m}_1(c) - \hat{m}_0(c)$。

根据罗伯茨和怀特（Roberts & Whited，2012）的研究，断点回归可以选择一个带宽，然后再用多个不同的带宽进行稳健性检验。所以，本章首先运用爱慕贝斯和歌莉娅尼亚拉曼（Imbens & Kalyanaraman，2012）的拇指规则得到最优带宽对模型进行估计，然后再选用一半最优带宽和两倍最优带宽来做稳健性检验。

四、样本选择与描述性统计

本章选取了中国2004~2014年165家商业银行的数据，包括5家大型银行、12家股份制银行、98家城市商业银行和50家农村商业银行。商业银行数据来源于 CSMAR 和 Wind 数据库，部分缺失数据通过查找商业银行年报获得。

从表4.3中各个变量的描述性统计可以看出，用不良贷款率衡量的银行风险承担在数值上差别较大，最大值为15.720，最小值为0.000；资本充足率与核心资本充足均值都比较大，说明银行整体资本水平较高，但是银行间资本水平差别较大，资本充足率最低位的在2.3%左右，而最高位的超过了52%，同样核心资本充足率也是如此；银行间杠杆率也有较大差异。在银行资产负债表中控制变量中，银行成本收入比均值为34.343%，存贷比均值要小于之前的70%监管规定。

表 4.3   变量描述性统计

变量名称	变量符号	变量释义	均值	标准差	最小值	最大值
银行风险承担	npl	不良贷款率	1.599	1.527	0.000	15.720
资本水平	car	资本充足率	13.061	3.700	2.300	52.150
	ccar	核心资本充足率	11.379	3.940	1.500	52.150
杠杆水平	ler	杠杆率	6.895	2.340	0.756	24.074
效率水平	cir	成本收入比	34.343	7.761	15.560	80.540
流动性水平	dir	存贷比	63.846	10.824	20.620	101.730
资本水平与断点的距离	dcar	资本充足率与断点的差值	0.583	3.395	-12.960	37.530
	dccar	核心资本充足率与断点的差值	0.832	3.313	-16.510	37.910
资本监管虚拟变量	dumcar	资本充足率大于断点值时为1，否则为0	0.508	0.500	1.000	0
	dumccar	核心资本充足率大于断点值时为1，否则为0	0.541	0.499	0	1.000

从表 4.4 可以看出，在没有控制其他因素影响的情形下，资本充足率、核心资本充足以及杠杆率与银行风险承担显著负相关，即资本水平越高，银行的不良贷款率越低；银行效率水平的提升也能有效降低其风险承担，与之不同的是，银行流动性越充足，风险承担的倾向越大。

表 4.4   变量相关系数矩阵

变量	npl	car	ccar	ler	cir	dir	dcar	dccar	dumcar	dumccar
npl	1.00									
car	-0.27***	1.00								
ccar	-0.22***	0.95***	1.00							
lr	-0.20***	0.72***	0.78***	1.00						

续表

变量	npl	car	ccar	ler	cir	dir	dcar	dccar	dumcar	dumccar
cir	0.18***	-0.09***	-0.07***	-0.10***	1.00					
dir	0.09***	-0.15***	-0.16***	0.12***	0.02	1.00				
dcar	-0.24***	0.78***	0.68***	0.45***	-0.01	-0.08	1.00			
dccar	-0.18***	0.77***	0.74***	0.53***	0.01	-0.03	0.87***	1.00		
dumcar	-0.25***	0.38***	0.29***	0.21***	-0.07***	-0.05	0.58***	0.45***	1.00	
dumccar	-0.26***	0.37***	0.34***	0.27***	-0.07***	-0.01	0.48***	0.56***	0.64***	1.00

注：*、** 和 *** 分别表示在10%、5%和1%显著性水平上显著。

第三节 实证结果与分析

一、资本监管对银行风险承担行为的影响

本章按照爱慕贝斯和歌莉娅尼亚拉曼（Imbens & Kalyanaraman，2012）的拇指规则获得最优带宽，同时再选用一半最优带宽和两倍最优带宽对方程（4.1）和方程（4.2）进行估计。结果如表4.5和表4.6所示。

表4.5　　　　资本充足率监管对银行风险承担行为的影响

变量	(1)	(2)	(3)	(4)	(5)	(6)	(7)
dumcar	-0.690*** (0.135)	-0.976*** (0.222)	-0.499*** (0.128)	-0.813*** (0.213)	-0.920*** (0.314)	-0.607*** (0.150)	-0.367*** (0.088)
dcar		1.597*** (0.348)		1.310*** (0.337)	3.158*** (0.798)	0.442*** (0.124)	-0.088*** (0.034)
dumcar × dcar		-1.469** (0.586)		-1.046* (0.556)	-2.609 (1.597)	-0.383* (0.196)	0.114*** (0.038)

续表

变量	(1)	(2)	(3)	(4)	(5)	(6)	(7)
L.ler			-0.094*** (0.028)	-0.097*** (0.028)	-0.106*** (0.034)	-0.063*** (0.021)	-0.072*** (0.015)
L.cir			0.006 (0.009)	0.007 (0.009)	0.012 (0.011)	0.011* (0.006)	0.016*** (0.004)
L.dir			0.015** (0.006)	0.015*** (0.006)	0.015** (0.007)	0.009** (0.004)	0.012*** (0.003)
常数项	1.820*** (0.078)	2.059*** (0.093)	1.105** (0.507)	1.271** (0.499)	1.239** (0.618)	1.171*** (0.366)	0.687** (0.271)
带宽	0.751	0.751	0.751	0.751	0.376	1.502	
Obs	432	432	369	369	258	584	1007
R^2	0.057	0.102	0.081	0.119	0.144	0.079	0.090

注：列（1）~列（6）为非参数回归结果，列（7）为参数回归结果；括号内为回归的标准差；*、**和***分别表示在10%、5%和1%显著性水平上显著。

表4.6　　核心资本充足率监管对银行风险承担行为的影响

变量	(1)	(2)	(3)	(4)	(5)	(6)	(7)
dumccar	-0.835*** (0.142)	-1.179*** (0.239)	-0.532*** (0.124)	-0.835*** (0.207)	-0.811*** (0.291)	-0.723*** (0.145)	-0.467*** (0.087)
dccar		1.276*** (0.286)		0.993*** (0.256)	1.991*** (0.675)	0.480*** (0.109)	0.042 (0.035)
dumccar × dccar		-1.092** (0.507)		-0.834* (0.435)	-2.291** (1.159)	-0.416*** (0.157)	-0.010 (0.039)
L.ler			-0.172*** (0.030)	-0.181*** (0.030)	-0.201*** (0.036)	-0.118*** (0.021)	-0.068*** (0.015)
L.cir			0.013 (0.008)	0.016* (0.008)	0.016 (0.010)	0.020*** (0.006)	0.017*** (0.004)
L.dir			0.018*** (0.006)	0.016*** (0.006)	0.019*** (0.007)	0.012*** (0.004)	0.013*** (0.003)

续表

变量	(1)	(2)	(3)	(4)	(5)	(6)	(7)
常数项	1.987*** (0.086)	2.250*** (0.103)	1.218** (0.496)	1.597*** (0.498)	1.544** (0.622)	1.160*** (0.359)	0.703*** (0.270)
带宽	0.956	0.956	0.956	0.956	0.478	1.913	
Obs	494	494	423	423	295	684	1007
R^2	0.066	0.102	0.135	0.166	0.194	0.128	0.078

注：列（1）~列（6）为非参数回归结果，列（7）为参数回归结果；括号内为回归的标准差；*、**和***分别表示在10%、5%和1%显著性水平上显著。

根据爱慕贝斯和歌莉娅尼亚拉曼（Imbens & Kalyanaraman，2012）的拇指规则，资本充足率与核心资本充足率断点回归估计的最优带宽分别为0.751和0.956。不同带宽下，dumcar 和 dumccar 的估计系数绝对值大小有所差异，但都显著为负，说明结果对带宽的依赖程度较小；同时，加入协变量后，dumcar 和 dumccar 的估计结果符号和显著性也没有发生变化；此外，参数回归中 dumcar 的估计结果也显著为负。上述结论说明，本章的估计结果具有良好的稳健性。

资本充足率监管对银行风险承担行为的影响，以表4.5第（2）列和第（4）列为本章结果的基准，dumcar 的估计系数分别为 -0.976 和 -0.813，在1%的显著性水平上显著，说明当资本充足率高于其断点时，银行不良贷款率将下降0.813到0.976。这意味着资本充足率监管能够有效降低银行的风险承担。与吴栋和周建平（2006）的研究结论一致，资本监管的实施，显著提高了银行资本充足水平，进而对银行的风险承担行为起到了良好的约束作用。

核心资本充足率监管对银行风险承担行为的作用，以表4.6第（2）列和第（4）列为本章结果的基准，dumccar 的估计系数分别为 -1.179 和 -0.835，在1%的显著性水平上显著，说明当核心资本充足率高于其断点时，银行不良贷款率将下降0.835~1.179。这表明与资本充足率监管相同，核心资本充足率监管也能够有效约束银行的风险承担行为。同时，与资本充足率监管相比，dumccar 的估计系数的绝对值大于 dumcar 的结果，说明核心资本充足率监管在降低银行风险承担上的作用力度要比资本充足率监管强。这主要是由核心资本充足率监管与资本充足率监管工具中资本计量差异导致的。核心资本充足率监管中的资本不包含次级债，是对银行资本更为严格的要求。当核心资本充足率低于门槛值时，由于银行不能凭借发行次级债来及时补充核心资本，导致核心资本的补充较其他资本更为困难。因此，核心资本充足率监管给银行施加的监管压力更大，从而在降低银行风险承担行为上也更为有效。

杠杆率的估计系数显著为负，也就是说杠杆率与银行风险承担负相关，正如张雪兰和何德旭（2012）的研究所指出的，从"风险共担"角度来说，银行自有资金越多，银行投资越谨慎，从而其风险承担越小。

效率水平（成本收入比）在资本充足率回归方程的两倍带宽以及核心资本充足率回归方程中最优带宽与两倍带宽中的估计系数显著为正，一定程度上说明了银行效率水平的提升，对其风险承担行为有一定约束的作用（江曙霞和陈玉婵，2012）。

流动性水平（存贷比）的估计系数显著为正，而存贷比越高，银行流动性水平越低，也就是说，银行流动性水平越高，存贷比越小，银行风险承担越小。这与马萨（Mussa，2010）的研究一致，银行保持良好的流动性，有助于降低其风险承担。

同时，为了直观地反映银行风险承担在断点处有显著的非连续性，本章描绘了断点两侧银行风险承担均值的线性拟合曲线及其95%的置信区间，如图4.5所示。

从图4.5中也可以直观地看出断点两侧有明显的差异，与表4.5和表4.6估计结果相呼应，说明了资本充足率或者核心资本充足率监管对银行风险承担行为的影响显著。当资本充足情况超过其断点时，银行的风险承担会显著降低。

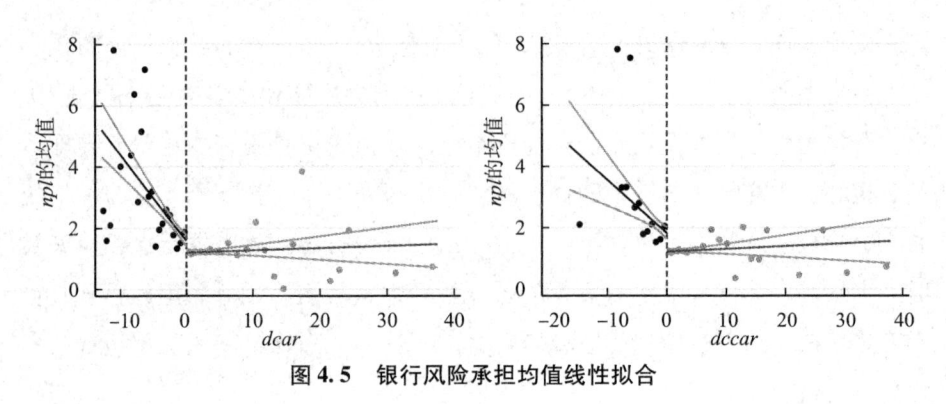

图 4.5　银行风险承担均值线性拟合

资料来源：笔者所整理。

二、新资本监管预期对银行风险承担行为的影响

中国银行业资本监管与时俱进，对银行资本水平提出了更高的要求。一方面新资本监管对资本量的要求发生变革，另一方面新资本监管强调了对资本水平质量的要求。虽然没有正式实施，但规定了银行明确的过渡期，银行会为了达到资本监管要求而提早做出相应的准备。那么，单一的资本充足率与核心资本充足率监管的有效性是否发生了显著变化？新引入的杠杆率监管能否起到补充作用？本书对 2010 年之后的样本进行估计，考察在新资本监管实施预期下，传统风险加权资本充足率监管效力的变化，并进一步尝试性研究新的杠杆率监管的作用效果。

从表 4.7 和表 4.8 可以看出，爱慕贝斯和歌莉娅尼亚拉曼（Imbens & Kalyanaraman，2012）的拇指规则估计的资本充足率与核心资本充足方程的最优带宽分别为 0.975 和 0.893，在最优带宽、一半带宽、两倍带宽以及加入协变量的估计结果显著性与符号没有差异，说明估计结果有较好的稳健性。

表4.7　新资本监管预期资本充足率监管对银行风险承担行为的影响

变量	(1)	(2)	(3)	(4)	(5)	(6)	(7)
dumcar	-0.208*** (0.0743)	-0.359*** (0.125)	-0.131* (0.071)	-0.286** (0.120)	-0.227* (0.129)	-0.182** (0.091)	-0.056 (0.064)
dcar		0.561*** (0.145)		0.504*** (0.139)	0.944*** (0.299)	0.157** (0.064)	-0.028 (0.027)
dumcar × dcar			-0.476* (0.260)		-0.395 (0.246)	-1.127* (0.682)	-0.178* (0.103)	0.025 (0.032)
L.ler			0.071*** (0.017)	0.067*** (0.017)	0.074*** (0.019)	0.065*** (0.014)	0.033*** (0.012)
L.cir			0.009* (0.005)	0.008* (0.005)	0.011* (0.006)	0.013*** (0.004)	0.014*** (0.004)
L.dir			0.002 (0.003)	0.003 (0.003)	0.002 (0.004)	0.003 (0.003)	0.008*** (0.002)
常数项	1.185*** (0.042)	1.298*** (0.051)	0.190 (0.271)	0.341 (0.271)	0.287 (0.317)	0.131 (0.219)	-0.060 (0.207)
带宽	0.975	0.975	0.975	0.975	0.487	1.950	
Obs	456	456	431	431	319	595	745
R^2	0.017	0.049	0.062	0.091	0.105	0.080	0.053

注：列(1)~列(6)为非参数回归结果，列(7)为参数回归结果；括号内为回归的标准差；*、**和***分别表示在10%、5%和1%显著性水平上显著。

表4.8　新资本监管预期核心资本充足率监管对银行风险承担行为的影响

变量	(1)	(2)	(3)	(4)	(5)	(6)	(7)
dumccar	-0.220*** (0.078)	-0.389*** (0.135)	-0.151** (0.065)	-0.277** (0.114)	-0.205* (0.115)	-0.201** (0.089)	-0.0618 (0.064)
dccar		0.643*** (0.158)		0.464*** (0.133)	0.816** (0.362)	0.154** (0.067)	-0.022 (0.024)
dumccar × dccar			-0.531* (0.313)		-0.386 (0.263)	-1.275* (0.719)	-0.190 (0.116)	0.030 (0.029)

续表

变量	(1)	(2)	(3)	(4)	(5)	(6)	(7)
L.ler			0.060 *** (0.016)	0.054 *** (0.016)	0.044 ** (0.019)	0.059 *** (0.014)	0.033 *** (0.012)
L.cir			0.014 *** (0.005)	0.014 *** (0.005)	0.016 *** (0.006)	0.017 *** (0.004)	0.014 *** (0.004)
L.dir			0.002 (0.003)	0.002 (0.003)	0.002 (0.003)	0.002 (0.003)	0.008 *** (0.002)
常数项	1.209 *** (0.044)	1.335 *** (0.053)	0.132 (0.259)	0.236 (0.258)	0.274 (0.306)	0.077 (0.225)	-0.075 (0.206)
带宽	0.893	0.893	0.893	0.893	0.447	1.786	
Obs	463	463	442	442	322	577	745
R^2	0.017	0.051	0.060	0.086	0.089	0.084	0.052

注：列（1）~列（6）为非参数回归结果，列（7）为参数回归结果；括号内为回归的标准差；*、** 和 *** 分别表示在10%、5%和1%显著性水平上显著。

以表4.7第（2）列和第（4）列为本书结果的基准，dumcar 的估计系数分别为 -0.359 和 -0.286，分别在1%和5%的显著性水平上显著，表明在新资本监管实施预期下，当资本充足率高于其断点时，银行不良贷款率将下降 0.286~0.359。但是，系数绝对值大小要小于表4.5的结果，一定程度上说明，在新资本监管实施预期下，资本充足率监管对银行风险承担行为的约束作用减弱了。同样以表4.8第（2）列和第（4）列为本章结果的基准，dumccar 的估计系数分别为 -0.389 和 -0.277，分别在在1%和5%的显著性水平上显著，说明在新资本监管实施预期下，当核心资本充足率高于其断点时，银行不良贷款率将下降 0.277~0.389。同样，系数绝对值大小也小于表4.6的结果，也就是说，在新资本监管实施预期下，核心资本充足率监管降低银行风险承担的效力也下降了。综上所述，在新资本监管实施预期下，风险加权资本比率监管防范银行风险承担的作用力度减弱，这与当前银行资本充足水平以及银行转型发展的现实有紧密的联系。一方面，2011年至今不管是资本充足率还是核心资本充足率，银行资本水平一直居于高位，从而受到的监管压力较小，所以传统的风险加权资本比率监管对银行风险承担行为的影响会减弱。另一方面，随着利率市场化改革深入推进，银行利差收入减少，银行被迫转型升级，创新工具应用增多；同时，近几年影子银行规模不断扩大，这些都使银行一定程度上规避了传统的风险加权资本比率监管的约束。此外，*dumccar* 与 *dumcar* 估计系数差别变小，意味着在新资本监管实施预期下，核心资本充足率监管较资本充足率监管，在降低银行风险承担上的优越性不再明显。除了上文银行资本充足水平以及银行转型发展的现实两个原因外，导致资本充足率监管与核心资本充足率监管对银行风险承担行为作用力度趋同的另一个重要原因是，银行资本补充方式的单一性。虽然新资本监管框架对银行资本的质和量都提出了更为严格的要求，但是当前中国银行业补充资本多为发行优先股，资本补充渠道较为狭窄，这在一定程度上导致了两种资本监管工具约束风险作用的趋同。

与表4.5和表4.6的估计结果不同，表4.7和表4.8中杠杆率的估计系数显著为正，表明在新资本监管实施预期下，杠杆率水平提高，激励银行进行更大的冒险行为。这主要是因为在新资本监管实施预期下，银行杠杆率水平显著提升[①]，高于监管要求，盈余的资本金意味着资本效率低下，股东盈利减少，管理层绩效降低，所以此时银行会倾向于加快扩张贷款，即使承担更高的风险也要扩大贷款规模，从而在一定程度上提高了银行的不良贷款率（金鹏辉等，2014）。

效率水平（成本收入比）的估计系数显著为正，再次说明了银行效率水平越高，其风险承担越低。流动性水平（存贷比）的估计系数统计上不显著。

同时，为了直观地反映银行风险承担在断点处有显著的非连续性，本章描绘了断点两侧银行风险承担均值的线性拟合曲线及其95%的置信区间，如

[①] 以本书样本银行为例，在新资本监管预期之前，银行的杠杆率平均值低于6%，特别是2007年之前，平均值在4%左右；而新资本监管实施预期时期，银行的杠杆率显著提升，平均值达到7.5%，显著高于4%的监管要求。

图4.6所示。

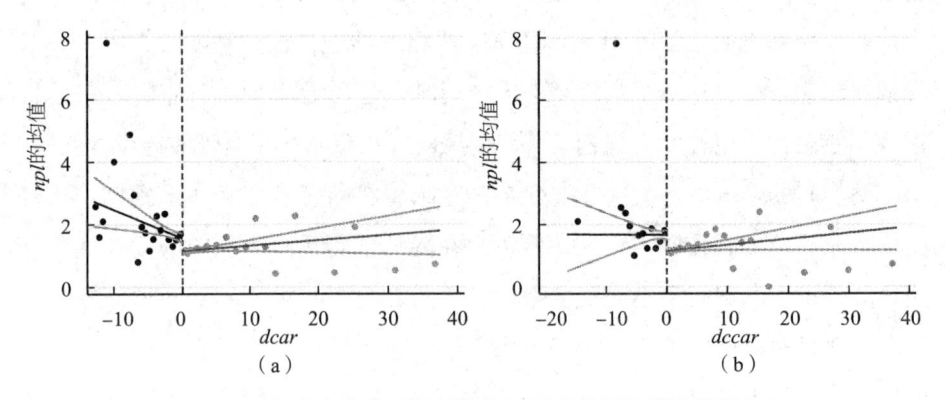

图4.6　新资本监管预期时期银行风险承担均值线性拟合

资料来源：笔者所整理。

从图4.6中也可以直观地看出断点两侧有明显的差异，与表4.7和表4.8估计结果相呼应，说明了新资本监管预期资本充足率或者核心资本充足率监管对银行风险承担行为的影响显著。当资本充足情况超过其断点时，银行的风险承担会显著降低。

三、进一步分析：杠杆率监管预期对银行风险承担行为的影响

新资本监管引入了没有考虑风险加权因素的杠杆率监管，通过引导商业银行加强杠杆率管理，从而达到防止金融机构资产负债表的过度扩张和过度风险承担，以期达到控制银行体系杠杆化水平的非理性增长和系统性风险不断累积的目的。那么，杠杆率监管能否有效降低银行风险承担，辅助效力逐渐降低的风险加权资本比率监管？所以本章也尝试性地分析了杠杆率监管对银行风险承担行为的影响。

首先按照前文的方法，通过画图找出银行个体杠杆率的断点值，代表性分位点图形如图4.7所示。同资本充足率以及核心资本充足率一样，银行个

体之间的杠杆率断点具有明显的差异性。最低百分比的银行基本上与新监管要求的4%门槛值相近；有一半的银行的资本充足率断点在6.15%~8%之间；而99%分位点处的资本充足率断点为11.82%。然后是断点回归有效性检验。一方面，本章通过杠杆率与其断点距离的密度图，如图4.8所示，可以发现总体密度是连续的；另一方面，通过回归检验协变量在断点两边的均衡性，结果如表4.9所示衡量杠杆率是否高于断点值的虚拟变量（dumler）的估计系数统计上不显著，同时图4.9协变量滞后一阶线性均值拟合图也直观地说明协变量在杠杆率断点处是连续的。以上说明了杠杆率断点回归估计的有效性。最后再对方程（4.3）进行非参数回归估计，结果如表4.10所示。

$$risk_{it} = \beta_0 + \beta_1 dumler_{it} + \beta_2 dler_{it} + \beta_3 (dumler \times dler)_{it} + \beta_4 controls_{it} + \varepsilon_{it}$$

(4.3)

（a）1%分位点

（b）25%分位点

（c）中位数点

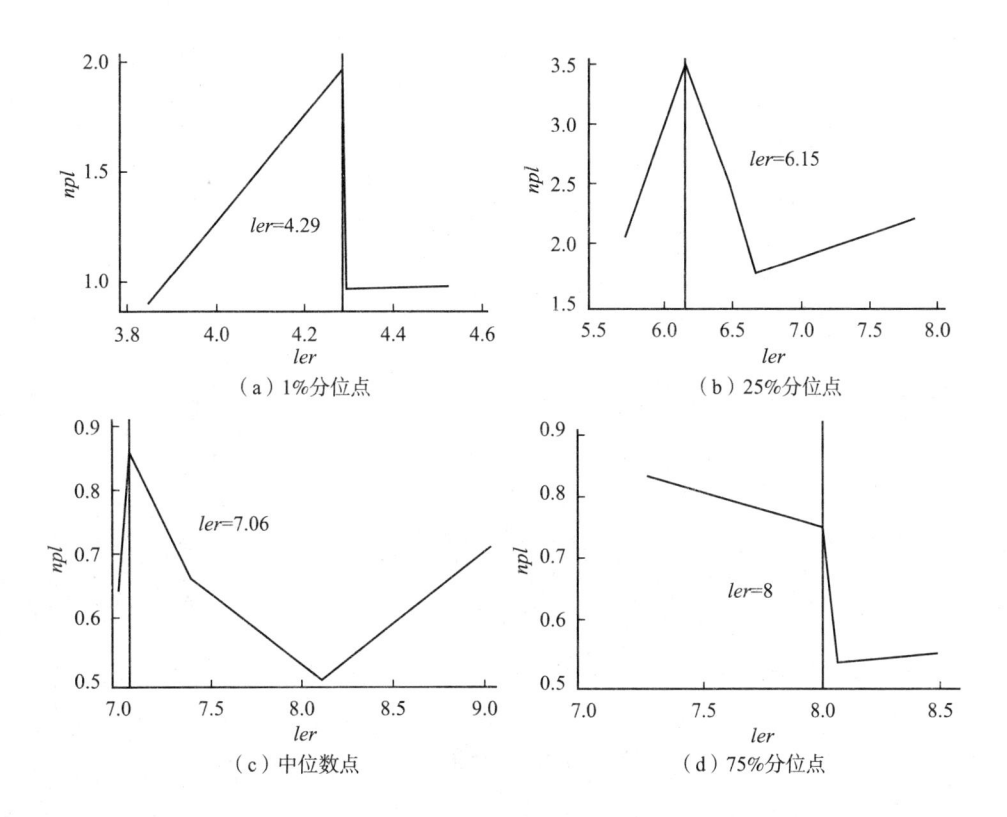

（d）75%分位点

(e)99%分位点　　　　　　　　　　(f)密度分布

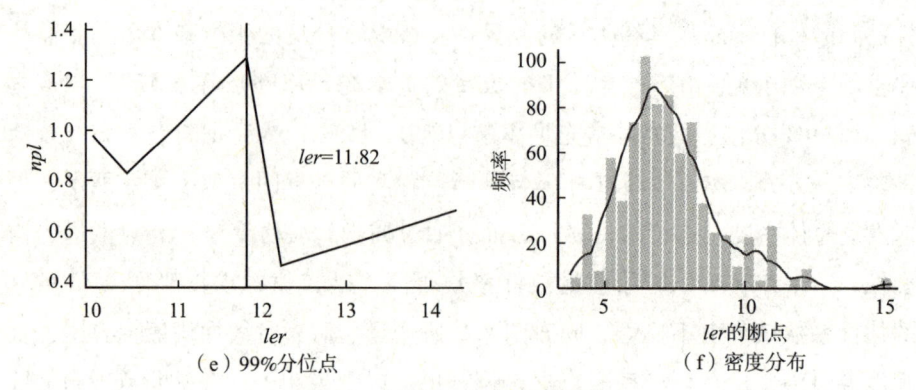

图4.7　个体银行杠杆率断点分布

资料来源：笔者所整理。

表4.9　　　　　　　协变量滞后一阶似不相关回归结果

变量	L.cir	L.dir
dumler	-0.791 (0.554)	0.243 (0.823)
常数项	34.660*** (0.356)	62.680*** (0.529)
观测值	745	745
R^2	0.003	0

注：L.表示变量的滞后一阶；括号内为回归的标准差；*、**和***分别表示在10%、5%和1%显著性水平上显著。

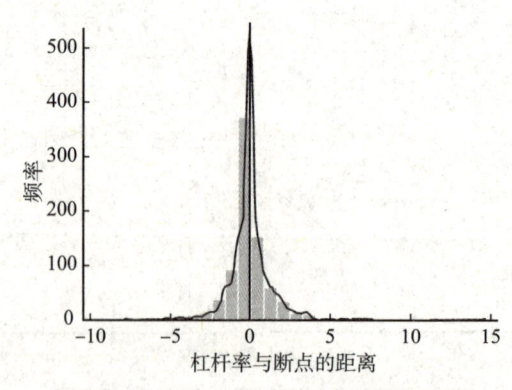

图4.8　杠杆率与断点值距离的频率密度

资料来源：笔者所整理。

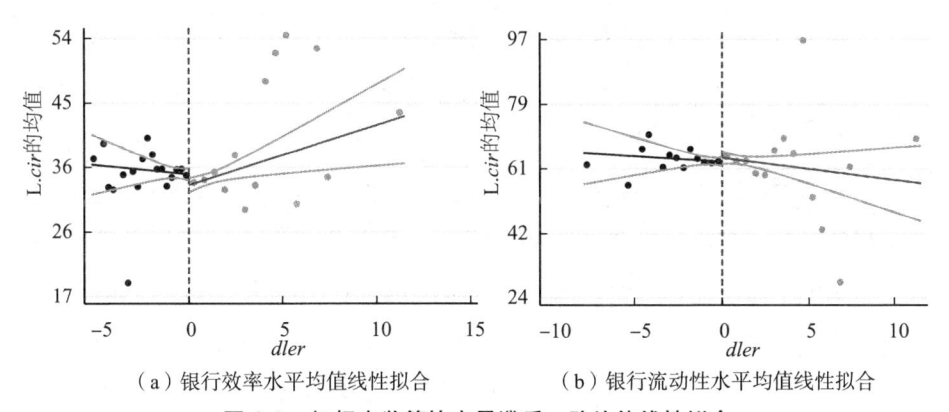

（a）银行效率水平均值线性拟合　　　（b）银行流动性水平均值线性拟合

图 4.9　杠杆率监管协变量滞后一阶均值线性拟合

资料来源：笔者所整理。

表 4.10　　　　杠杆率监管预期对银行风险承担行为的影响

变量	(1)	(2)	(3)	(4)	(5)	(6)	(7)
$dumler$	-0.202*** (0.070)	-0.392*** (0.118)	-0.165** (0.066)	-0.346*** (0.111)	-0.171* (0.107)	-0.275*** (0.093)	-0.126* (0.069)
$dler$		0.843*** (0.228)		0.851*** (0.215)	1.946*** (0.511)	0.404*** (0.106)	0.058 (0.044)
$dumler \times dler$		-0.495 (0.417)		-0.546 (0.393)	-3.169*** (1.055)	-0.246 (0.190)	0.061 (0.055)
L.cir			0.014*** (0.004)	0.015*** (0.004)	0.015*** (0.005)	0.014*** (0.004)	0.013*** (0.004)
L.dir			0.007** (0.003)	0.006** (0.003)	0.006* (0.003)	0.005** (0.003)	0.010*** (0.002)
常数项	1.195*** (0.039)	1.293*** (0.047)	0.258 (0.243)	0.345 (0.240)	0.392 (0.279)	0.432** (0.212)	0.110 (0.197)
带宽	0.567	0.567	0.567	0.567	0.283	1.133	
Obs	452	452	432	432	316	571	745
R^2	0.018	0.049	0.049	0.085	0.110	0.061	0.057

注：列（1）~列（6）为非参数回归结果，列（7）为参数回归结果；括号内为回归的标准差；*、** 和*** 分别表示在10%、5%和1%显著性水平上显著。

从表 4.10 可以看出，爱慕贝斯和歌莉娅尼亚拉曼（Imbens & Kalyanaraman，2012）拇指规则估计的最优带宽为 0.567。同样，在最优带宽、一半带宽、两倍带宽以及加入协变量的情况下估计结果显著性与符号没有差异；同时，参数回归中的系数也显著为负，说明了结果具有较好的稳健性。

杠杆率监管对银行风险承担的影响，以表 4.10 第（2）列和第（4）列为本文结果的基准，$dumler$ 的估计系数分别为 -0.392 和 -0.346，在 1% 的显著性水平上显著，表明当杠杆率高于其断点时，银行不良贷款率将下降 0.346~0.392。同时，估计系数绝对值大小要大于表 4.7 和表 4.8 中 $dumcar$ 和 $dumccar$ 的结果。所以，表 4.10 的结果能够说明杠杆率监管对银行风险承担行为的约束作用是有效的，作用力度大于以风险加权为基础的资本比率监管，意味着杠杆率监管一定程度上能够起到补充风险加权资本比率监管的作用。杠杆率监管与风险加权资本比率监管最大的区别在于是否经过风险调整，对于风险加权资本比率监管来说，银行可以通过各种方式来降低风险加权资产，从而保持资本充足率与核心资本充足率处于较高水平。但是，对于杠杆率监管来说，银行杠杆率中的资产不需要风险加权，其可调节的空间较小，而从 2013 年开始，影子银行业务迅速崛起，银行表外业务占总资产的比重逐渐升高，此时，不考虑风险加权因素的杠杆率监管可以较好地限制银行过度创新与表外风险业务，从而能够更好地约束银行的风险承担行为。

效率水平（成本收入比）与流动性水平（存贷比）的估计系数显著为正，再次说明了经营效率和流动性水平的提高，能够有效约束银行风险承担行为。

同时，为了直观地反映银行风险承担在断点处有显著的非连续性，本章描绘了断点两侧银行风险承担均值的线性拟合曲线及其 95% 的置信区间，如图 4.10 所示。

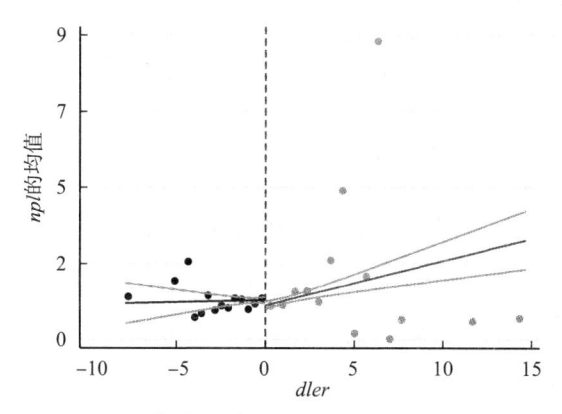

图 4.10　杠杆率监管预期银行风险承担线性拟合

从图 4.10 中也可以直观地看出断点两侧有明显的差异,与表 4.8 估计结果相呼应,说明了新资本监管预期杠杆率监管对银行风险承担行为的影响显著。当杠杆率超过其断点时,银行的风险承担会显著降低。

本 章 小 结

当前经济转型时期,银行面临不良贷款率上升压力,如何防范银行风险承担的过度集聚,避免银行危机是亟待解决的问题。本章从银行资本监管效力的角度,基于中国 165 家银行 2004~2014 年的数据,在断点回归设计框架下采用非参数估计法,检验了资本监管对银行风险承担行为的影响,从而间接考察了资本与银行风险承担行为的关系,并结合资本监管制度不同时段变化以及不同监管工具计量差异,考察资本监管制度变化和不同监管工具对银行风险承担约束效力的差异性。结果显示:(1) 当资本充足率或核心资本充足率超过其断点时,银行风险承担会显著降低,意味着不管是资本充足率监管还是核心资本充足率监管,都能有效约束银行的风险承担行为;(2) 作用效力比较:一是资本充足率与核心资本充足率监管效力比较,当银行核心资本充足率低于其断点时,银行不良贷款率上升幅度较大,反映出核心资本充足率监管降低银行风险承担的效力更好；二是资本监管变革的效力比较，2010年后的新版银行资本监管与之前的资本监管相比，资本充足率与核心资本充足率监管降低银行风险承担的作用力度减弱了，但是杠杆率监管能够起到很好的补充作用，防止银行过度的风险承担。此外，经营效率以及流动性水平的提高，也能有效约束银行的风险承担行为。

  本章的研究结论具有深刻的政策内涵与启示。具体来说，首先，继续加强以风险为基础的资本比率监管。虽然传统的以风险加权资产为基础的资本比率以及核心资本比率监管在降低银行风险承担上的效力减弱了，但是不应该忽视其在提高银行业金融机构抵御风险能力上的作用。一方面，从资本构成的角度，严格资本定义，贯彻实施核心一级资本、其他一级资本以及二级资本的规定，对银行形成资本的刚性约束，倒逼银行提高资本配置效率，节约资本使用，从而转向降低资本消耗的发展模式；另一方面，从加权风险资产的角度，继续执行不同资产差别化风险权重的措施，对于房地产业贷款等风险较大的贷款给予高的风险权重，增强银行业稳健性，而对于中小企业贷款以及个人贷款等关系经济结构调整与银行转型的贷款等给予低的风险权重，鼓励银行支持实体经济中的薄弱环节。其次，强化审慎监管理念，推行杠杆率监管。本章研究发现，杠杆率监管对银行风险行为的约束作用较强，可以辅助风险加权资本比率监管，从而能够有效防止银行过度的风险承担。杠杆率监管，没有考虑风险加权因素，从而可以控制银行业金融机构以及银行体系的杠杆率积累，防止银行规模的过度扩张。最后，积极推进资产证券化，消化银行不良资产。在经济处于转型与结构调整时期，企业利润率整体下滑，贷款违约增加，导致银行不良贷款率上升，资产质量下降，严重阻碍了银行的转型与发展。积极推进资产证券化，将银行业持有的风险资产真实出售给广大投资者，提高银行资产质量的同时，盘活银行贷款资金存量，增加贷款增量，从而释放银行再补充资本压力。

| 第五章 |
资本对银行贷款行为的影响研究

第一节 研究假说

一、资本对银行贷款总额发放行为的影响

资本影响银行贷款行为的作用机理：第一，缓冲机制。当银行资本水平较高时，高于资本监管要求的银行资本可以作为一种缓冲机制，使得银行在经受严重资本损失后，能够避免破产（Rajan，1994；Jokipii & Milne，2008）。所以，高的资本水平可以提高银行贷款增长的速度。第二，激励机制。当银行资本水平较高时，高水平资本可以作为一种激励机制，能够降低银行风险承担的倾向，从而提高银行贷款行为的谨慎程度（VanHoose，2007；Goodhart，2013）。所以，资本水平较高的银行要比资本水平较低的银行发放贷款的额度更少。

表 5.1　　　　　　　　　　不同监管时期资本构成

资本监管初期资本构成	新资本监管建议的资本构成
一级资本	一级资本
实收资本/普通股	普通股
股本溢价	
留存收益	
盈余公积	其他持续经营下的资本
少数股东权益	不计入一级资本
创新资本工具（15%上限）	不计入一级资本
二级资本（不超过一级资本的100%）	二级资本
一般准备	简化二级资本，只有一套二级资本的合格标准，其他子类别将被取消
混合债务资本工具	
次级债	

资料来源：根据《商业银行资本充足率管理办法》（修订版）和《商业银行资本管理办法（试行）》整理。

由表 5.1 可以看出，银行资本监管工具的主要区别：第一，在资本监管初期。核心资本充足率中的分子为普通股、盈余公积、少数股东权益以及 15%的创新工具构成的一级资本，分母为加权风险资产，权重为 0、20%、50% 及 100%；资本充足率中的资本包括一级资本和二级资本（一般准备、混合债务资本工具和次级债），分母同核心资本充足率。第二，在新资本监管时期。核心资本充足率中的分子只保留普通股及盈余公积，分母为加权风险资产，风险过大的资产可以给予 0~1250% 的权重；资本充足率中的分子是对原先涵盖的保留，但有明确的计入规定，分母同核心资本充足率；杠杆率的分子为一级资本减一级资本扣减项，分母为调整后的表内外资产余额，没有考虑风险加权因素，作为微观审慎监管工具。

因为资本充足率计量资本中包含了次级债，所以银行会面临展期压力，进而抑制银行贷款的发放；特别是在金融危机时期，银行把降低风险和维持经营稳定作为首要目标，此时如果银行拥有大量的次级债，展期难度增大，银行需要替换掉次级债,而这又会影响到银行的流动性,进而波及银行的贷款能力,最终导致银行缩减贷款的程度增强。因此资本充足率,更多地作为银行降低风险承担的激励机制。因为新资本监管框架对资本充足率中资本计量提出了更高的要求,次级债的占比下降,一定程度上减弱了资本充足率对贷款的抑制作用。与之不同,核心资本充足率计量资本中不包含次级债,更多地是由银行自有资本组成,所以可以作为避免银行破产损失的缓冲机制,激励银行发放贷款;而在金融危机时期,核心资本充足率高的银行,受到的展期压力较小,流动性能够保证,从而贷款增速受到的影响也较小。杠杆率作为风险加权资本比率的补充,在计量上没有考虑风险因素,通过引导商业银行加强杠杆率管理,从而可以防止金融机构资产负债表过度扩张与过度风险承担,以期达到控制银行体系杠杆化水平非理性增长和系统性风险不断累积的目的。因此,杠杆率具有微观审慎逆周期的调节作用,在金融危机时期能够激励银行发放贷款,助力经济复苏;而在经济过热时期,又能够有效抑制银行贷款的发放。

综上所述得到本章的假说1~假说3:

假说1:资本充足率与银行贷款增速负相关,且在金融危机时期,对贷款发放的抑制作用更强,但在新资本监管框架下,抑制作用可能减弱。

假说2:核心资本充足率与银行贷款增速正相关,且在金融危机时期,对贷款发放的激励作用更强;但在新资本监管框架下,激励作用可能减弱。

假说3:杠杆率有微观审慎的作用,在非金融危机时期能抑制贷款的过度发放,与银行贷款增速负相关;在金融危机时期能够激励贷款发放,与银行贷款增速正相关。

二、资本对银行贷款结构的影响

资本除了对银行贷款总额发放行为产生影响外,公司和个人贷款由于在资本充足率以及核心资本充足率风险加权资产计量中被给予了不同的权重,所以资本还会影响到银行贷款结构。根据2004年《商业银行资本充足率管理办法》的规定,商业银行对企业和个人的债权及其他资产的风险权重均为

100%，而个人住房抵押贷款的风险权重仅为50%。同时，根据2012年《商业银行资本管理办法（试行）》的规定，在个人债权方面，个人住房抵押贷款的风险权重继续保持50%不变，而对已抵押房产，在购房人没有全部归还贷款前，商业银行以再评估后的净值为抵押追加贷款的，追加部分的风险权重为150%，对个人其他债权的风险权重定为75%；在公司债权方面，商业银行对同时符合条件的微型和小型企业债权的风险权重降为75%[①]；对一般企业债权的风险权重维持100%。

由此可见，监管当局一直给予个人住房抵押贷款较小的风险权重系数，而个人住房抵押贷款是个人贷款的重要组成部分，占据较高比重，而在2012年之后，对于一般的个人债权也降低了权重系数。除了风险权重系数较小之外，个人贷款，尤其是个人住房抵押贷款的不良贷款率明显低于贷款总额的（如图5.1所示），可见个人贷款特别是个人住房抵押贷款风险水平较低。综

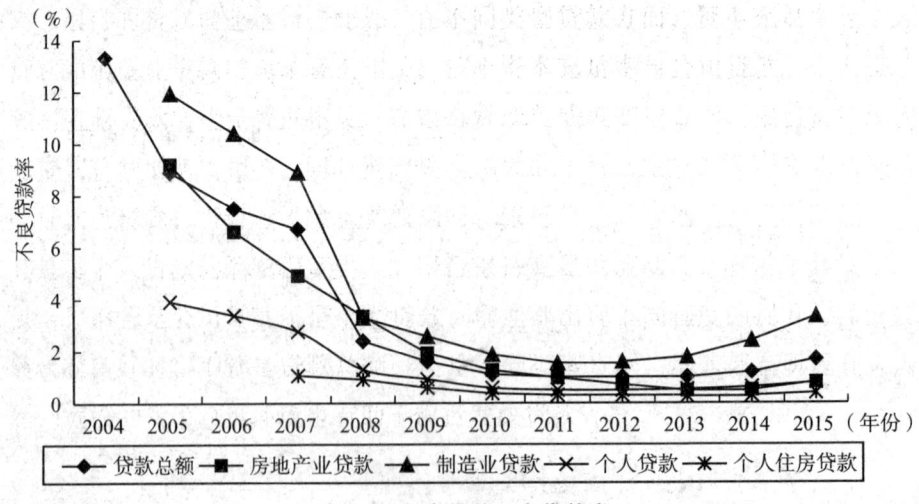

图 5.1 各类贷款不良贷款率

资料来源：历年《中国银行业监督管理委员会年报》。

---

① 小微企业贷款享受风险权重优惠的条件：一是企业符合国家相关部门规定的微型企业和小型企业认定标准；二是商业银行对单家企业（或企业集团）的风险暴露不超过500万元；三是商业银行对单家企业（或企业集团）的风险暴露占本行信用风险暴露总额的比例不高于0.5%。

上这两个因素，个人贷款属于低耗资本型贷款。与个人贷款相比，虽然2012年《商业银行资本管理办法（试行）》降低了公司贷款里的微型和小型企业贷款风险权重系数，但是微型和小型企业贷款占公司贷款的比重较低，因此，与个人贷款相比，公司贷款仍属于高耗资本型贷款。此外，在银行贷款结构中，公司贷款总额也显著大于个人贷款总额。所以，根据个人贷款与公司贷款消耗资本特性以及所占贷款总额的比重，个人贷款对于资本的敏感性要比公司贷款强，而公司贷款对于资本的反应与贷款总额相似。由此，得到本章的假说4。

假说4：资本对银行个人贷款行为的影响较大，对银行公司贷款行为的影响较小，而这种差异在新资本监管预期时期更为明显。

三、资本对银行典型行业贷款行为的影响

在银行典型行业贷款方面，本章重点探讨了房地产业和制造业贷款的变化。2000年以来，中国房地产业高速发展，为稳定经济增长并兼顾民生，政府一直严控房地产发展，其中一项措施便是管制房地产业贷款；但是，直到2008年全球金融危机，房地产业贷款增速才有所放缓。作为传统工业的制造业，居高不下的不良贷款率会加重银行的风险负担。如图5.1所示，在2011年之前，虽然贷款总额、房地产业贷款和制造业贷款不良贷款率基本都呈逐年下降的趋势。但是，制造业贷款的不良贷款率一直高于贷款总额的平均不良贷款率，而房地产业贷款的不良贷款率只有在金融危机时期（2008~2010年）高于贷款总额的；此外，贷款总额和制造业贷款的不良贷款率从2011年开始呈现翘尾上升趋势，特别是制造业贷款，上升趋势明显，而房地产业贷款的不良贷款率则基本保持在低位。所以，从房地产业和制造业贷款行业发展周期和不良贷款率的周期出发，资本较高的银行在金融危机时期紧缩房地产业贷款会更为显著，但是在新资本监管预期时期，由于房地产业贷款较低的不良贷款率，紧缩效应可能不明显；资本较高的银行可以担负起助力实体经济发展的责任，然而，在新资本监管预期时期，制造业贷款翘尾上升的不

良贷款率，可能会使得资本对制造业贷款增长率的促进作用减弱。由此得到假说5。

假说5：典型行业贷款（房地产业贷款和制造业贷款）会因其行业发展周期和不良贷款率周期，导致资本对其作用力度有所差异。

第二节 研究设计

一、实证模型构建

为了检验资本对银行贷款行为的影响，本章借鉴彭继增和吴玮（2014）与科萨克等（Košak et al.，2015）的实证研究模型，设计如下计量模型：

$$dlny_{it} = \beta_0 + \beta_1 dlny_{it-1} + \beta_2 car_{it-1} + \beta_3 ccar_{it-1} + \beta_4 lr_{it-1} + \sum_{j=5}^{8}\beta_j Bcon_{it-1} + \sum_{k=9}^{10}\beta_k Ocon_{it-1} + \mu_i + \varepsilon_{it} \quad (5.1)$$

方程（5.1）中被解释变量 $dlny$ 分别表示对数差分后的银行贷款总额（$dlnl$）、公司贷款（$dlncl$）、个人贷款（$dlnpl$）、房地产贷款（$dlnrel$）和制造业贷款（$dlnmfl$），核心解释变量 car、$ccar$ 和 lr 分别表示银行资本充足率、核心资本充足率和杠杆率。其中，$i=1,2,\cdots,N$ 表示银行数目，$t=1,2,\cdots,T$ 表示时间，μ 为个体异质性的截距项，ε 为随机扰动项。

根据现有文献研究，本章引入以下控制变量。

（1）银行特征层面（$Bcon$）。①银行资产规模（$size$）。银行资产规模一般选取总资产的对数作为代理变量。②银行盈利能力（roa）。银行盈利能力一般用资产收益率作为代理变量。③银行风险水平（npl）。因为本章研究的是银行贷款行为，所以银行风险主要指信贷风险，故选取不良贷款率来衡量银行风险。④银行流动性水平（dir）。由于本章研究的是银行贷款行为，因此银行流动性更多地表现为负债层面的充足性，故选取存贷比来衡量银行流动性水平。

（2）其他控制变量（Ocon）。贷款需求控制变量：①银行竞争程度（hhi）为用银行资产规模计算的赫芬达尔指数；②宏观经济环境（ggdp）为 GDF 的同比增长率。货币政策控制变量（gm2）为 M2 的增长率。

二、样本选择与描述性统计

本章选取了中国 2004～2015 年 141 家商业银行的数据，包括 5 家大型银行、12 家股份制银行、87 家城市商业银行和 37 家农村商业银行。数据来源于 Wind 数据库和 CSMAR 数据库，个别缺失数据通过查找历年商业银行年报获得。

从表 5.2 中各个变量的描述性统计可以看出，个人贷款增速均值要显著大于企业贷款增速均值，然而企业贷款增速与个人贷款增速相比波动较小；制造业贷款增速与房地产业贷款增速均值差别不大，但是房地产业贷款增速的波动比制造业贷款增速大；不管是资本充足率还是核心资本充足率以及杠杆率，银行资本状况整体较好；银行的资产收益率在 1% 左右，存贷比均值要小于之前的 70% 监管规定。此外，在宏观经济环境与货币政策控制变量中，M2 的增长率要显著大于 GDP 的同比增长率。

表 5.2　　主要变量的描述性统计

变量名称	符号	变量设计	均值	标准差	最小值	最大值
贷款总额增长率	$dlnl$	贷款总额对数差分	0.200	0.107	-0.139	0.950
公司贷款增长率	$dlncl$	企业贷款对数差分	0.188	0.159	-0.405	2.303
个人贷款增长率	$dlnpl$	个人贷款对数差分	0.272	0.318	-1.609	3.058
房地产业贷款增长率	$dlnrel$	房地产贷款对数差分	0.178	0.353	-1.674	2.890
制造业贷款增长率	$dlnmfl$	制造业贷款对数差分	0.170	0.294	-2.360	2.590
资本充足率	car	资本充足率	12.859	3.691	0.000	59.610
核心资本充足率	$ccar$	核心资本充足率	11.061	3.876	0.240	58.560

续表

变量名称	符号	变量设计	均值	标准差	最小值	最大值
杠杆率	lr	股东权益/总资产	6.744	2.198	1.294	30.000
资产规模	size	总资产的对数	25.399	1.681	21.311	30.722
盈利能力	roa	资产收益率	1.137	0.596	0.040	14.530
风险水平	npl	不良贷款率	1.641	1.704	0.000	22.550
流动性水平	dir	存贷比	63.649	10.498	21.030	100.550
竞争程度	hhi	资产规模的赫芬达尔指数	0.106	0.029	0.079	0.244
宏观经济环境	ggdp	GDP同比增长率	9.103	1.949	6.900	14.200
货币政策	gm2	M2增长率	16.500	4.531	11.010	28.420

从表5.3可以看出，在没有控制其他因素影响的情形下，资本充足率、核心资本充足率以及杠杆率与银行贷款总额增速显著正相关，即资本水平越高，银行的贷款增速越高；此外，在不同类型贷款方面，资本充足率与个人贷款和制造业贷款增速显著正相关，核心资本充足率与公司贷款、个人贷款和制造业贷款增速显著正相关。在银行资产负债表变量方面，银行资产规模与贷款总额增速负相关，同时资产规模越大的银行，发放的公司贷款和制造业贷款也越少；当银行风险水平较高时，银行贷款总额增速会显著降低，尤其是对个人贷款的缩减程度更大。银行保持充足的流动性，有助于其贷款的供给，不管是公司贷款还是个人贷款，增速都出现不同程度的提升。经济发展状况良好时，不管是贷款总额，还是不同类型贷款，增速都有所提升。当然，宽松的货币政策环境也有助于银行发放贷款。

表5.3　　　　　　　　　　　　主要变量相关系数

变量	$dlnl$	$dlncl$	$dlnpl$	$dlnrel$	$dlnmfl$
$dlnl$	1.000				
$dlncl$	0.645 ***	1.000			
$dlnpl$	0.296 ***	0.093 ***	1.000		

续表

变量	*dlnl*	*dlncl*	*dlnpl*	*dlnrel*	*dlnmfl*
dlnrel	0.353 ***	0.314 ***	0.057	1.000	
dlnmfl	0.266 ***	0.231 ***	0.103 ***	0.049	1.000
car	0.179 ***	0.055	0.088 **	0.016	0.106 ***
ccar	0.217 ***	0.079 **	0.117 ***	0.042	0.101 ***
lr	0.078 **	0.020	0.012	0.056	0.002
size	-0.214 ***	-0.187 ***	-0.051	-0.037	-0.117 ***
roa	-0.029	0.005	-0.029	-0.075	0.013
npl	-0.168 ***	-0.123 ***	-0.186 ***	-0.039	-0.044
dir	-0.163 ***	-0.122 ***	-0.101 ***	0.002	-0.042
hhi	0.155 ***	0.135 ***	0.085 **	-0.008	0.124 ***
ggdp	0.166 ***	0.145 ***	0.158 ***	-0.041	0.188 ***
gm2	0.348 ***	0.298 ***	0.161 ***	0.098 ***	0.210 ***

注：** 和 *** 分别表示在 5% 和 1% 显著性水平上显著。

第三节 实证结果与分析

一、资本与银行贷款总额发放行为的关系

本章首先采用静态面板的混合效应、固定效应与随机效应估计方程（5.1），然后引入被解释变量的滞后期项作为解释变量，以及考虑到商业银行资本、资产规模、盈利能力、流动性水平、竞争程度与银行贷款增速存在互为因果的联立关系，即内生性问题，所以采用布伦德尔和邦德（Blundell & Bond，1998）系统广义矩估计对方程（5.1）进行估计。

从表5.4可以看出，F检验的P值为0.000，拒绝混合效应的估计；Hausman检验的P值为0.999，接受随机效应估计；所以本章初步选择随机

效应模型，但是商业银行贷款具有高度的持续性，所以解释变量里需要包含商业银行贷款增速的滞后项，运用动态面板模型，同时可以解决银行资产负债表变量之间具有的内生性问题。动态面板的差分广义矩估计和系统广义矩估计的 AR（2）检验说明扰动项的差分不存在二阶序列相关，Sargan 检验说明所有的工具变量都是有效的。

表 5.4　　　　　　　　　资本对银行贷款总额发放的影响

变量	(1)	(2)	(3)	(4)	(5)	(6)	(7)
L.$dlnl$				0.148 *** (0.039)	0.256 *** (0.025)	0.267 *** (0.061)	0.218 *** (0.032)
car	-0.0005 (0.003)	-0.004 (0.003)	-0.004 (0.003)	-0.025 *** (0.006)	-0.017 *** (0.004)	-0.020 * (0.010)	-0.011 * (0.006)
$ccar$	0.006 ** (0.003)	0.006 * (0.003)	0.008 *** (0.003)	0.019 ** (0.0082)	0.009 * (0.005)	0.015 ** (0.007)	0.014 ** (0.006)
lr	0.0004 (0.003)	0.003 (0.004)	0.001 (0.003)	0.015 * (0.008)	0.013 *** (0.005)	0.0178 (0.015)	0.011 * (0.006)
$size$	-0.008 *** (0.002)	-0.023 * (0.012)	-0.009 *** (0.003)	-0.011 (0.020)	-0.007 * (0.004)	-0.013 (0.010)	0.001 (0.007)
roa	-0.014 *** (0.005)	-0.001 (0.005)	-0.006 (0.005)	0.010 (0.013)	-0.013 (0.010)	-0.005 (0.043)	-0.026 ** (0.010)
npl	-0.020 *** (0.003)	-0.010 *** (0.003)	-0.013 *** (0.003)	-0.023 *** (0.005)	-0.031 *** (0.004)	-0.031 *** (0.011)	-0.018 *** (0.005)
dir	-0.001 *** (0.0003)	3.10×10^{-8} (0.001)	-0.001 * (0.0004)	0.0004 (0.001)	-0.001 *** (0.001)	0.003 * (0.002)	-0.004 *** (0.001)
hhi	0.670 *** (0.224)	0.149 (0.316)	0.500 ** (0.235)	1.053 ** (0.477)	1.434 *** (0.215)	0.780 (0.557)	4.313 *** (1.060)
$ggdp$	-0.004 (0.003)	-0.002 (0.003)	-0.003 (0.003)	-0.009 *** (0.004)	-0.012 *** (0.002)	0.0006 (0.006)	-0.032 *** (0.008)

续表

变量	(1)	(2)	(3)	(4)	(5)	(6)	(7)
$gm2$	0.008 *** (0.001)	0.008 *** (0.001)	0.008 *** (0.001)	0.008 *** (0.001)	0.008 *** (0.001)	0.009 *** (0.002)	0.007 *** (0.002)
常数项	0.310 *** (0.061)	0.640 * (0.362)	0.283 *** (0.099)	0.307 (0.597)	0.346 *** (0.109)	0.169 (0.275)	0.086 (0.202)
R^2	0.251	0.274	0.267				
F 检验		0.000					
Hausman 检验			0.999				
AR (2)				0.525	0.774	0.387	0.799
Sargan 检验				0.849	1.000	0.862	0.227

注：列（1）~列（5）分别表示全样本静态面板的混合效应、固定效应和随机效应估计与动态面板差分广义矩估计和系统广义矩估计的结果；列（6）和列（7）分别表示金融危机时期和新资本监管预期时期子样本系统广义矩估计的结果①；括号内为回归的标准差；*、** 和 *** 分别表示在 10%、5% 和 1% 显著性水平上显著。

根据系统广义矩估计的估计结果，得到以下结论：

资本充足率对银行贷款总额增速的影响：（1）全样本回归中资本充足率的估计系数为 -0.017，在 1% 的显著性水平上显著，表明资本充足率增加 1 个百分点，贷款增速将下降 0.017；与古德哈特（Goodhart，2013）研究结论一致，资本充足率中的资本包含了次级债，导致银行会面临展期压力，从而可以作为银行降低风险承担的激励机制，来抑制银行贷款的发放。（2）在金融危机时期，资本充足率与贷款增速也显著负相关，且估计系数绝对值大于全样本的结果，证实了资本充足率对贷款增速的抑制作用在金融危机时期更

---

① 参考卡尔森等（Carlson et al.，2013）对金融危机时期的划分，金融危机的时间段为 2007~2010 年；又因为中国在 2011 年 6 月和 7 月先后出台了《商业银行杠杆率管理办法》和《商业银行贷款损失准备管理办法》，并于 2012 年 6 月正式推出了"中国版巴塞尔协议"《商业银行资本管理办法（试行）》，并于 2013 年开始正式实施，考虑到为应对新的监管框架，银行会提早做出准备，所以本书定义新资本监管预期时期为 2011~2015 年。

为显著的结论；在金融危机时期，银行为了降低风险，维持经营稳定，往往需要替换掉次级债，进一步降低银行的流动性，而在资本充足率的资本中，次级债展期难度增大，导致银行缩减贷款的程度增强。(3) 在新资本监管预期时期，资本充足率的估计系数仍然显著为负，但绝对值要小于全样本的估计结果，说明资本充足率对银行贷款发放行为的抑制作用减弱了，这主要有两方面原因，一是新资本监管框架对资本充足率的资本计量标准提高了，即资本充足率中次级债的比例降低，从而对贷款的抑制作用减弱了；二是新资本监管预期时期已是金融危机后的恢复期，与金融危机时期比较，银行次级债的展期压力也减小了，所以资本充足率对贷款增速的影响也会相对减弱。

在核心资本充足率对银行贷款总额的影响方面：(1) 与资本充足率不同，核心资本充足率的估计系数显著为正，说明核心资本充足率与贷款总额增速正相关；乔基皮和米尔恩（Jokipii & Milne，2011）也得到相似的结论，即核心资本充足率因其资本构成中银行自有资本占据较高比例，可以作为避免银行破产的有力缓冲，从而能够激励银行发放贷款。(2) 在金融危机时期，核心资本充足率激励银行发放贷款的作用力度要大于全样本的结果，一定程度上说明核心资本充足率作为防止银行破产的缓冲机制，能够支持银行在金融危机时期继续向实体经济发放贷款；相异于资本充足率，核心资本充足率高的银行在金融危机时期受到的次级债展期压力较小，进而流动性能够得以保证，所以，贷款增速受到的影响也较小。(3) 不同于金融危机时期，新资本监管预期时期，核心资本充足率对银行贷款发放行为的激励作用降低了，同前文所述，这主要是新资本监管框架中对资本要求的提升和处于金融危机后的恢复期两方面的原因导致的。

杠杆率对银行贷款总额增速的影响：(1) 在全样本估计中，杠杆率的估计系数显著为正，说明杠杆率与贷款增速正相关，因为样本区间为2004～2015年，而杠杆率监管在2013年才进入正式实施的过渡期，所以导致杠杆率对贷款增速的微观审慎作用不显著。(2) 在金融危机时期，杠杆率的估计系数要大于全样本的结果，但统计上不显著，这也可能是因为这段时期杠杆率监管没有实施，所以，杠杆率对银行贷款发放的促进作用不明显。(3) 在新资本监管预期时期，杠杆率的估计系数显著为正，但要小于全样本的结果，说明新资本监管框架加入杠杆率监管，减弱了杠杆率在非金融危机时期对银行贷款的促进作用，一定程度上说明杠杆率监管微观审慎作用开始逐渐发挥出来了。

上述研究结果基本支持本章的假说1和假说2，但对假说3的支持由于样本时间区段限制不是很显著。

控制变量方面：不论是全样本回归，还是分不同时段子样本回归，银行风险与贷款增长率负相关，在货币政策宽松时期，贷款增长率更快；在全样本回归中，银行资产规模与贷款增速负相关；在新资本监管预期时期，盈利能力较好的银行，贷款增速较慢；银行流动性在非危机时期，促进贷款发放；而在金融危机时期，存贷比高的银行贷款增速较快；非金融危机时期，竞争降低了贷款增速，特别是在新资本监管预期时期，抑制作用更显著；在非金融危机时期，贷款增速与宏观经济环境负相关。

二、资本与银行贷款结构的关系

从表5.5可以看出，在全样本回归中，资本充足率在公司贷款增速方程和个人贷款增速方程中的估计系数均显著为负，分别为-0.014和-0.093，再一次印证了资本充足率对银行贷款增速的抑制作用；而且相较于公司贷款增速，个人贷款增速因其在计算加权风险时，权重系数较小以及含有较多个人住房抵押贷款，从而个人贷款增速受到的影响更为明显。在新资本监管预期时期，资本充足率在公司贷款增速方程和个人贷款增速方程中的估计系数仍然均显著为负，且个人贷款估计系数绝对值更大。但两个方程中系数绝对值都要大于全样本回归的结果，这主要是因为在新资本监管框架下，对个人贷款的风险权重系数进一步降低，而对公司贷款中的微型公司和小型公司贷款也给予了相应的权重优惠，从而导致两者对资本的敏感性增强。在金融危机时期，资本充足率在公司贷款增速方程和个人贷款增速方程中的估计系数为负，但统计上不显著，说明在金融危机时期，资本充足率对银行贷款结构的影响不明显。

表 5.5　　　　　　　　　　　　资本对银行贷款结构的影响

变量	(1)	(2)	(3)	(4)	(5)	(6)
L.$dlncl$	0.092 *** (0.025)	0.029 (0.059)	0.089 *** (0.032)			
L.$dlnpl$				0.060 * (0.034)	0.260 *** (0.085)	0.034 (0.038)
car	-0.014 ** (0.007)	-0.005 (0.016)	-0.018 * (0.010)	-0.093 *** (0.020)	-0.043 (0.029)	-0.094 *** (0.029)
$ccar$	0.001 (0.008)	-0.021 (0.021)	0.005 (0.010)	0.076 *** (0.022)	0.022 (0.034)	0.092 *** (0.030)
lr	0.018 ** (0.008)	0.047 ** (0.024)	0.033 *** (0.010)	0.004 (0.021)	0.022 (0.039)	-0.030 (0.029)
$size$	-0.013 ** (0.006)	-0.023 * (0.013)	0.002 (0.010)	-0.005 (0.016)	-0.003 (0.021)	-0.007 (0.030)
roa	-0.016 (0.015)	-0.139 ** (0.068)	-0.019 (0.016)	-0.020 (0.044)	0.016 (0.107)	-0.001 (0.051)
dir	-0.003 *** (0.001)	0.001 (0.002)	-0.006 *** (0.001)	-0.002 (0.002)	-0.010 ** (0.004)	-0.001 (0.003)
npl	-0.041 *** (0.006)	-0.037 * (0.022)	-0.028 *** (0.008)	-0.062 *** (0.018)	-0.127 *** (0.037)	-0.040 * (0.023)
hhi	1.799 *** (0.396)	0.118 (0.883)	6.128 *** (1.770)	-1.004 (1.134)	-0.627 (1.450)	-5.221 (5.318)
$ggdp$	-0.015 *** (0.004)	-0.013 (0.010)	-0.032 *** (0.013)	0.030 ** (0.012)	0.078 *** (0.017)	0.069 * (0.041)
$gm2$	0.012 *** (0.001)	0.008 *** (0.003)	0.010 *** (0.003)	0.012 *** (0.003)	0.0316 *** (0.0050)	-0.003 (0.010)
常数项	0.561 *** (0.162)	0.916 ** (0.368)	0.004 (0.293)	0.636 (0.441)	-0.034 (0.584)	0.929 (0.884)
AR(2)	0.433	0.300	0.892	0.127	0.189	0.588
Sargan	1.000	1.000	0.314	1.000	1.000	0.241

注：列(1)~列(3)分别表示公司贷款的全样本、金融危机时期和新资本监管预期时期子样本系统广义矩估计的结果；列(4)~列(6)分别表示个人贷款的全样本、金融危机时期和新资本监管预期时期子样本系统广义矩估计的结果；括号内为回归的标准差；*、**和***分别表示在10%、5%和1%显著性水平上显著。

核心资本充足率对银行贷款结构的影响。核心资本充足率在个人贷款增长率方程的全样本和新资本监管预期时期子样本中的估计系数显著为正,说明核心资本充足率促进了个人贷款增长率的提高。此外,一方面,在个人贷款增长率方程中核心资本充足率的估计系数要大于贷款总额的结果,再一次说明个人贷款增长率对银行资本的敏感性较强;另一方面,在新资本监管预期时期子样本中,核心资本充足率的估计系数要大于全样本回归的结果,进一步印证了在新资本监管框架下,个人贷款风险权重系数比之前资本监管政策更低,从而提高了核心资本充足率对个人贷款增长率的影响程度。然而,不管是全样本回归还是分时段子样本回归,核心资本充足率在公司贷款增长率方程中估计系数统计上均不显著,说明核心资本充足率对公司贷款增长率的影响不明显。

杠杆率对贷款结构的影响。杠杆率在公司贷款增长率方程中的估计系数显著为正,说明杠杆率与银行公司贷款增长率正相关,即杠杆率越高,银行公司贷款的增速越快。此外,一方面,在金融危机时期的子样本回归中,杠杆率的估计系数要大于全样本以及新资本监管预期时期子样本的结果,说明杠杆率可以有效地支持银行在金融危机时期发放公司贷款,助力经济复苏;另一方面,新资本监管预期时期子样本回归中,杠杆率的估计系数要大于全样本的结果,表明随着杠杆率监管的逐步实施,其对银行公司贷款增长率的影响也会逐步增强。但是,不管是全样本回归还是分时段子样本回归,杠杆率在个人贷款增长率方程中估计系数统计上均不显著,说明杠杆率对个人贷款增长率的影响不明显。

上述结果基本支持本章的假说4。

控制变量方面:银行资产规模与公司贷款增速负相关,且在金融危机时期,大规模银行缩减公司贷款的程度更强。同样,盈利能力较好的银行在金融危机时期对公司贷款的紧缩效应也更为显著。银行流动性水平与公司贷款增速正相关,特别是在新资本监管预期时期,对公司贷款增速的促进作用增强,并且也显著激励了银行在金融危机时期发放个人贷款。银行风险仍然能够抑制银行对企业及个人贷款的发放,尤其是在金融危机时期,紧缩这两类贷款的效应更为显著。在非金融危机时期，银行垄断势力能够提高公司贷款增速，特别是在新资本监管预期时期，促进作用更大。公司贷款增速与宏观经济环境负相关，而个人贷款增速与宏观经济环境正相关。宽松的货币政策环境，促进了银行对企业及个人贷款的发放。

三、资本与银行典型行业贷款行为的关系

从表 5.6 可以看出，资本充足率在房地产业贷款增速和制造业贷款增速方程全样本以及分时间段子样本回归中的估计系数均在统计上不显著，说明资本充足率对两种典型行业贷款增速的影响不明显。

表 5.6　　　　　　　资本对银行典型行业贷款发放的影响

变量	(1)	(2)	(3)	(4)	(5)	(6)
L.dlnrel	-0.077 ** (0.032)	-0.128 *** (0.037)	0.094 (0.082)			
L.dlnmfl				-0.172 *** (0.025)	-0.248 *** (0.035)	-0.107 *** (0.036)
car	0.007 (0.019)	0.035 (0.028)	0.006 (0.030)	-0.018 (0.012)	-0.023 (0.020)	-0.026 (0.019)
ccar	-0.060 *** (0.023)	-0.066 ** (0.033)	-0.029 (0.036)	0.068 *** (0.015)	0.055 ** (0.026)	0.054 *** (0.020)
lr	0.104 *** (0.021)	0.075 *** (0.028)	0.056 (0.046)	-0.075 *** (0.014)	-0.037 (0.028)	-0.042 ** (0.020)
size	-0.014 (0.019)	-0.054 * (0.032)	-0.036 (0.028)	-0.054 *** (0.012)	-0.034 * (0.018)	-0.062 *** (0.022)
roa	-0.129 *** (0.041)	-0.109 ** (0.046)	-0.005 (0.135)	-0.074 ** (0.029)	-0.154 * (0.086)	-0.086 ** (0.034)
dir	-0.006 ** (0.002)	-0.007 ** (0.003)	0.005 (0.004)	0.005 *** (0.002)	-0.001 (0.003)	0.006 *** (0.002)

续表

变量	(1)	(2)	(3)	(4)	(5)	(6)
npl	-0.011 (0.019)	-0.022 (0.026)	0.009 (0.035)	-0.059*** (0.012)	-0.037 (0.023)	-0.062*** (0.017)
hhi	3.883*** (1.217)	-7.515 (5.483)	1.798 (1.789)	-1.262 (0.770)	-2.080* (1.127)	8.227** (3.563)
$ggdp$	-0.048*** (0.013)	0.025 (0.043)	-0.024 (0.021)	0.030*** (0.008)	0.015 (0.014)	-0.046* (0.027)
$gm2$	0.014*** (0.003)	-0.007 (0.011)	0.017*** (0.005)	0.009*** (0.002)	0.005 (0.003)	0.023*** (0.007)
常数项	0.729 (0.502)	2.512*** (0.933)	0.382 (0.772)	1.181*** (0.325)	1.435*** (0.482)	0.929 (0.617)
AR(2)	0.285	0.982	0.133	0.552	0.941	0.602
Sargan	1.000	0.999	0.411	1.000	1.000	0.260

注：列（1）~列（3）分别表示房地产业贷款的全样本、金融危机时期和新资本监管预期时期子样本系统广义矩估计的结果；列（4）~列（6）分别表示制造业贷款的全样本、金融危机时期和新资本监管预期时期子样本系统广义矩估计的结果；括号内为回归的标准差；*、** 和 *** 分别表示在10%、5%和1%显著性水平上显著。

与之不同，核心资本充足率和杠杆率对房地产业和制造业贷款增速影响有明显的差异性。首先是核心资本充足率，核心资本充足率抑制了银行对房地产业贷款的发放，特别是在金融危机时期，核心资本充足率越高的银行，房地产业贷款增速降低越多，这体现了监管当局对房地产业贷款设有可选择性高风险权重的作用。其次是房地产业贷款属于高耗资本型贷款，且在金融危机期间，房地产业贷款不良贷款率高于平均不良贷款率，从而也加重了核心资本充足率紧缩房地产业贷款的作用；与房地产业贷款性质不同，制造业属于传统行业，虽然其不良贷款率居高不下，但是其不属于调控发展的行业，且对于经济整体运行具有重要意义。所以，核心资本充足率可以促进制造业贷款发放。在金融危机时期以及新资本监管预期时期，制造业贷款翘尾上升的不良贷款率，也给银行施加了一定的风险压力，从而核心资本充足率的促进作用会相应减弱。

　　再来看杠杆率对典型行业贷款的作用。杠杆率对房地产业贷款增速的影响，全样本以及金融危机时期子样本中的估计系数显著为正，而在新资本监管预期时期的估计系数统计上不显著，一定程度上说明在实施杠杆率监管之前，对于杠杆率较高的银行来说，资产规模的扩张有较大空间，杠杆率没有起到微观审慎、降低房地产贷款增速的作用。但是，在新资本监管预期时期，杠杆率对银行房地产贷款增速的促进作用不再显著，侧面反映出杠杆率监管逐渐发挥了抑制房地产贷款的作用；同时，由于在金融危机时期，房地产业贷款不良贷款率有所增加，风险提高，因此，杠杆率对其促进作用有所减弱。与之不同，当银行的杠杆率较高时，制造业贷款增速反而更低，而这种抑制作用在新资本监管预期时期得到相应的缓解，这可能是因为在实施杠杆率监管之前，银行能够凭借高杠杆率，获得较大的资产扩张空间，从而更偏好不良贷款率低而盈利相对稳定的房地产业贷款，而不是风险较大的传统制造业贷款。但是，随着杠杆率监管的实施，银行资产扩张空间收窄，这种行业偏好性得到一定程度地降低。此外，在金融危机时期，杠杆率对制造业贷款增速的抑制作用不再显著。

　　控制变量方面：规模大的银行对制造业贷款的偏好较低，即规模越大，制造业贷款的增速越低，而对于房地产业贷款，只在金融危机时期有所缩减；银行盈利能力与房地产业和制造业贷款负相关；流动性充裕的银行房地产贷款增速较快，而制造业贷款增速反而降低；银行风险会迫使银行缩减制造业贷款，尤其是在新资本监管预期时期，缩减效应更显著；银行业适度有效竞争可以促进银行在金融危机时期发放制造业贷款，而在非金融危机时期，垄断有利于银行发放房地产业和制造业贷款，尤其是在新资本监管预期时期，对制造业贷款增速有较大的促进作用；经济增速越快，制造业贷款增速相应提高，而房地产业贷款增速放缓；宽松的货币政策促进了银行在非金融危机时期对房地产业和制造业贷款的发放。

　　上述结果基本支持本章的假说5。

四、稳健性分析

为确保本模型估计结果的有效性,我们做了两类稳健性检验。第一,估计方法上,采用阿雷利亚诺和邦德(Arellano & Bond,1991)差分广义矩估计对动态面板模型全样本及其子样本重新估计结果;第二,变量置换上,银行竞争程度用 CR4 代替。上述检验结果显示,估计系数的绝对值有所差异,但系数的正负及大小关系基本一致,说明本章的基本结论比较稳健。

(1)采用差分广义矩估计的结果如表 5.7 ~ 表 5.9 所示。

表 5.7　　　　　　　资本对银行贷款总额发放的影响

变量	(1)	(2)
L. *dlnl*	0.292 * (0.168)	0.056 (0.041)
car	-0.024 * (0.013)	-0.011 * (0.006)
ccar	-0.020 * (0.010)	0.018 ** (0.009)
lr	0.069 ** (0.033)	0.006 (0.009)
size	-0.028 (0.079)	0.016 (0.053)
roa	0.133 (0.088)	-0.001 (0.013)
npl	-0.032 * (0.019)	-0.010 * (0.006)
dir	-0.002 (0.004)	-0.001 (0.001)

续表

变量	(1)	(2)
hhi	1.121 (1.768)	4.605** (2.121)
ggdp	0.003 (0.010)	-0.023** (0.010)
gm2	0.012*** (0.003)	0.007** (0.003)
常数项	0.558 (2.288)	-0.629 (1.558)
AR(2)	0.110	0.706
Sargan 检验	0.628	0.306

注：列（1）表示贷款总额金融危机时期子样本差分广义矩估计的结果；列（2）表示新资本监管预期时期子样本系统广义矩估计的结果；括号内为回归的标准差；*、** 和 *** 分别表示在10%、5%和1%显著性水平上显著。

表5.8　　　　　　　　　资本对银行贷款结构的影响

变量	(1)	(2)	(3)	(4)	(5)	(6)
L.dlncl	-0.091*** (0.030)	-0.045 (0.071)	-0.089** (0.039)			
L.dlnpl				-0.055* (0.035)	-0.086 (0.161)	0.034 (0.038)
car	-0.023** (0.010)	-0.019 (0.025)	-0.022* (0.013)	-0.084*** (0.027)	0.041 (0.038)	-0.094*** (0.029)
ccar	0.013 (0.012)	-0.008 (0.037)	-0.001 (0.014)	0.080** (0.036)	-0.125** (0.059)	0.092*** (0.030)
lr	0.016** (0.007)	0.026 (0.039)	0.024* (0.013)	-0.025 (0.037)	0.155** (0.067)	-0.030 (0.029)
size	-0.079** (0.040)	0.039 (0.116)	0.033 (0.098)	0.025 (0.106)	0.315* (0.172)	-0.007 (0.030)

续表

变量	（1）	（2）	（3）	（4）	（5）	（6）
roa	-0.020 (0.020)	0.004 (0.116)	-0.019 (0.020)	0.073 (0.059)	0.031 (0.181)	-0.001 (0.051)
dir	-0.004** (0.002)	0.004 (0.006)	-0.006*** (0.002)	0.001 (0.005)	-0.004 (0.009)	-0.001 (0.003)
npl	-0.034*** (0.009)	-0.033 (0.039)	-0.023** (0.011)	-0.045* (0.026)	-0.206*** (0.067)	-0.040* (0.023)
hhi	0.102 (0.919)	1.600 (2.633)	6.738* (3.872)	-0.892 (2.588)	7.276* (4.028)	-5.221 (5.318)
$ggdp$	-0.016** (0.006)	-0.019 (0.016)	-0.018 (0.018)	0.043** (0.017)	0.041* (0.024)	0.069* (0.041)
$gm2$	0.011*** (0.002)	0.008** (0.004)	0.008* (0.005)	0.011** (0.005)	0.014** (0.007)	-0.002 (0.010)
常数项	2.566** (1.162)	-0.978 (3.425)	-0.918 (2.903)	-0.555 (3.126)	-9.097* (5.143)	0.929 (0.884)
AR（2）	0.331	0.389	0.561	0.802	0.595	0.588
Sargan	0.988	0.961	0.400	0.940	0.964	0.241

注：列（1）~列（3）分别表示公司贷款的全样本、金融危机时期和新资本监管预期时期子样本系统广义矩估计的结果；列（4）~列（6）分别表示个人贷款的全样本、金融危机时期和新资本监管预期时期子样本系统广义矩估计的结果；括号内为回归的标准差；*、** 和 *** 分别表示在10%、5%和1%显著性水平上显著。

表5.9　　　　　　　　资本对银行典型行业贷款发放的影响

变量	（1）	（2）	（3）	（4）	（5）	（6）
L.$dlnrel$	-0.158*** (0.044)	0.030 (0.135)	-0.198*** (0.050)			
L.$dlnmfl$				-0.211*** (0.030)	-0.277*** (0.044)	-0.127*** (0.042)
car	0.014 (0.027)	0.001 (0.050)	0.022 (0.039)	-0.001 (0.018)	0.001 (0.035)	-0.010 (0.025)

续表

变量	(1)	(2)	(3)	(4)	(5)	(6)
ccar	-0.089** (0.037)	-0.065* (0.036)	-0.096* (0.052)	0.061*** (0.024)	0.051* (0.037)	0.053* (0.032)
lr	0.146*** (0.035)	0.741*** (0.023)	0.126*** (0.044)	-0.067*** (0.023)	0.034 (0.051)	-0.042** (0.020)
size	-0.037 (0.123)	0.122 (0.302)	-0.145 (0.331)	-0.180** (0.080)	0.007 (0.176)	-0.151 (0.220)
roa	-0.095** (0.048)	-0.023 (0.233)	-0.088* (0.052)	0.005 (0.037)	-0.143 (0.139)	0.023 (0.044)
dir	0.002 (0.005)	0.005 (0.012)	0.002 (0.006)	-0.002 (0.003)	-0.014 (0.009)	0.001 (0.004)
npl	0.011 (0.026)	-0.014 (0.059)	0.018 (0.034)	-0.056*** (0.017)	-0.012 (0.038)	-0.064*** (0.023)
hhi	1.962 (2.866)	5.664 (6.484)	-3.443 (13.45)	-3.509* (1.857)	-0.876 (3.876)	3.459 (8.603)
ggdp	-0.027 (0.019)	-0.036 (0.036)	0.003 (0.057)	0.026** (0.012)	0.009 (0.023)	-0.018 (0.038)
gm2	0.016*** (0.005)	0.015* (0.008)	0.003 (0.016)	0.007** (0.003)	0.005 (0.005)	0.018* (0.010)
常数项	0.694 (3.603)	-4.050 (8.827)	4.018 (9.822)	5.097** (2.334)	1.039 (5.158)	3.683 (6.527)
AR(2)	0.147	0.901	0.132	0.386	0.852	0.224
Sargan 检验	0.991	0.827	0.359	0.912	0.996	0.170

注：列(1)~列(3)分别表示房地产业贷款的全样本、金融危机时期和新资本监管预期时期子样本系统广义矩估计的结果；列(4)~列(6)分别表示制造业贷款的全样本、金融危机时期和新资本监管预期时期子样本系统广义矩估计的结果；括号内为回归的标准差；*、**和***分别表示在10%、5%和1%显著性水平上显著。

（2）变量置换方法的稳健性检验结果如表 5.10 ~ 表 5.12 所示。

表 5.10　　　　　　　　资本对银行贷款总额发放的影响

变量	(1)	(2)	(3)	(4)	(5)	(6)	(7)
L.$dlnl$				0.144 *** (0.040)	0.251 *** (0.025)	0.274 *** (0.062)	0.220 *** (0.032)
car	-0.0004 (0.003)	-0.004 (0.003)	-0.004 (0.003)	-0.024 *** (0.006)	-0.016 *** (0.004)	-0.019 * (0.010)	-0.011 * (0.006)
$ccar$	0.006 * (0.003)	0.006 * (0.003)	0.008 *** (0.003)	0.017 ** (0.008)	0.006 (0.005)	0.003 (0.014)	0.0134 ** (0.006)
lr	0.001 (0.003)	0.004 (0.004)	0.002 (0.003)	0.019 ** (0.008)	0.016 *** (0.005)	0.020 (0.015)	0.011 * (0.006)
$size$	-0.008 *** (0.002)	-0.017 (0.015)	-0.008 ** (0.003)	-0.001 (0.030)	-0.005 (0.004)	-0.013 (0.010)	0.0003 (0.007)
roa	-0.014 *** (0.005)	-0.001 (0.005)	-0.006 (0.005)	0.009 (0.014)	-0.019 * (0.010)	-0.008 (0.044)	-0.028 *** (0.011)
npl	-0.020 *** (0.003)	-0.011 *** (0.003)	-0.014 *** (0.003)	-0.021 *** (0.005)	-0.029 *** (0.004)	-0.031 *** (0.011)	-0.017 *** (0.005)
dir	-0.001 *** (0.0003)	-6.23×10^{-5} (0.0004)	-0.001 * (0.0003)	0.0001 (0.001)	-0.002 *** (0.0005)	0.002 (0.002)	-0.004 *** (0.0005)
$cr4$	0.349 *** (0.109)	0.132 (0.158)	0.248 ** (0.099)	0.494 (0.303)	0.598 *** (0.097)	0.330 (0.231)	1.213 *** (0.302)
$ggdp$	-0.006 * (0.003)	-0.003 (0.003)	-0.004 (0.003)	-0.009 ** (0.004)	-0.013 *** (0.003)	0.003 (0.005)	-0.034 *** (0.009)
$gm2$	0.007 *** (0.001)	0.007 *** (0.001)	0.007 *** (0.001)	0.008 *** (0.0008)	0.006 *** (0.0006)	0.010 *** (0.001)	0.006 *** (0.002)
常数项	0.194 *** (0.070)	0.428 (0.474)	0.192 * (0.110)	-0.146 (0.972)	0.125 (0.124)	0.038 (0.330)	-0.184 (0.237)
R^2	0.245	0.275	0.268				

续表

变量	(1)	(2)	(3)	(4)	(5)	(6)	(7)
F 检验		0					
Hausman 检验			0.033				
AR (2)				0.435	0.763	0.378	0.772
Sargan 检验				0.779	1.000	0.774	0.181

注：列 (1) ~ 列 (5) 分别表示全样本静态面板的混合效应、固定效应和随机效应估计与动态面板差分广义矩估计和系统广义矩估计的结果；列 (6) 和列 (7) 分别表示金融危机时期和新资本监管预期时期子样本系统广义矩估计的结果；括号内为回归的标准差；*、** 和 *** 分别表示在10%、5%和1%显著性水平上显著。

表5.11　　　　　　　　　　资本对银行贷款结构的影响

变量	(1)	(2)	(3)	(4)	(5)	(6)
L.$d$lncl	0.091 *** (0.025)	0.029 (0.060)	0.091 *** (0.032)			
L.$d$lnpl				0.059 * (0.034)	0.259 *** (0.085)	0.033 (0.038)
car	-0.014 ** (0.007)	-0.005 (0.016)	-0.018 * (0.010)	-0.094 *** (0.020)	-0.042 (0.029)	-0.094 *** (0.028)
$ccar$	-0.001 (0.008)	-0.021 (0.021)	0.005 (0.010)	0.078 *** (0.022)	0.021 (0.034)	0.093 *** (0.030)
lr	0.022 *** (0.008)	0.047 ** (0.024)	0.032 *** (0.010)	-3.28×10^{-5} (0.021)	0.022 (0.039)	-0.030 (0.029)
$size$	-0.011 * (0.006)	-0.023 * (0.013)	0.002 (0.010)	-0.007 (0.016)	-0.004 (0.021)	-0.008 (0.030)
roa	-0.020 (0.015)	-0.140 ** (0.068)	-0.019 (0.016)	-0.019 (0.044)	0.015 (0.107)	0.0003 (0.051)
dir	-0.040 *** (0.006)	-0.037 * (0.022)	-0.028 *** (0.008)	-0.062 *** (0.018)	-0.124 *** (0.037)	-0.040 * (0.023)

续表

变量	(1)	(2)	(3)	(4)	(5)	(6)
npl	-0.003*** (0.001)	0.001 (0.002)	-0.005*** (0.001)	-0.002 (0.002)	-0.010** (0.004)	-0.001 (0.003)
cr4	0.827*** (0.158)	0.0350 (0.364)	1.627*** (0.499)	-0.786* (0.447)	-0.357 (0.592)	-1.604 (1.497)
ggdp	-0.018*** (0.004)	-0.013 (0.009)	-0.032** (0.014)	0.039*** (0.012)	0.077*** (0.015)	0.074* (0.043)
gm2	0.010*** (0.001)	0.008*** (0.003)	0.009*** (0.003)	0.013*** (0.003)	0.032*** (0.005)	-0.003 (0.010)
常数项	0.276 (0.176)	0.906** (0.430)	-0.328 (0.358)	0.931* (0.477)	0.124 (0.659)	1.317 (1.076)
AR(2)	0.422	0.300	0.897	0.115	0.117	0.587
Sargan 检验	1.000	1.000	0.318	1.000	1.000	0.244

注：列（1）~列（3）分别表示公司贷款的全样本、金融危机时期和新资本监管预期时期子样本系统广义矩估计的结果；列（4）~列（6）分别表示个人贷款的全样本、金融危机时期和新资本监管预期时期子样本系统广义矩估计的结果；括号内为回归的标准差；*、**和***分别表示在10%、5%和1%显著性水平上显著。

表 5.12　　　　　　　　资本对银行典型行业贷款发放的影响

变量	(1)	(2)	(3)	(4)	(5)	(6)
L.*dlnrel*	-0.077** (0.032)	0.094 (0.082)	-0.128*** (0.037)			
L.*dlnmfl*				-0.172*** (0.025)	-0.248*** (0.035)	-0.107*** (0.036)
car	0.007 (0.019)	0.006 (0.030)	0.035 (0.028)	-0.018 (0.012)	-0.023 (0.020)	-0.026 (0.019)
ccar	-0.060*** (0.023)	-0.029 (0.036)	-0.066** (0.033)	0.068*** (0.015)	0.055** (0.026)	0.054*** (0.020)

续表

变量	(1)	(2)	(3)	(4)	(5)	(6)
lr	0.104*** (0.021)	0.056 (0.046)	0.075*** (0.028)	-0.075*** (0.014)	-0.037 (0.028)	-0.042** (0.020)
$size$	-0.014 (0.019)	-0.036 (0.028)	-0.054* (0.032)	-0.054*** (0.012)	-0.034* (0.018)	-0.062*** (0.022)
roa	-0.129*** (0.041)	-0.005 (0.135)	-0.109** (0.046)	-0.074** (0.029)	-0.154* (0.086)	-0.086** (0.034)
dir	-0.006** (0.002)	0.005 (0.004)	-0.007** (0.003)	0.005*** (0.001)	-0.001 (0.003)	0.006*** (0.002)
npl	-0.011 (0.019)	0.008 (0.035)	-0.022 (0.026)	-0.059*** (0.012)	-0.037 (0.023)	-0.062*** (0.017)
$cr4$	3.883*** (1.217)	1.798 (1.789)	-7.515 (5.483)	-1.262 (0.770)	-2.080* (1.127)	8.227** (3.563)
$ggdp$	-0.048*** (0.013)	-0.024 (0.021)	0.025 (0.043)	0.030*** (0.008)	0.015 (0.014)	-0.046* (0.027)
$gm2$	0.014*** (0.003)	0.017*** (0.005)	-0.007 (0.011)	0.009*** (0.002)	0.005 (0.003)	0.023*** (0.007)
常数项	0.729 (0.502)	0.382 (0.772)	2.512*** (0.933)	1.181*** (0.325)	1.435*** (0.482)	0.929 (0.617)
AR（2）	0.285	0.982	0.133	0.552	0.941	0.602
Sargan	1.000	0.999	0.411	1.000	1.000	0.260

注：列（1）~列（3）分别表示，房地产业贷款的全样本、金融危机时期和新资本监管预期时期子样本系统广义矩估计的结果；列（4）~列（6）分别表示制造业贷款的全样本、金融危机时期和新资本监管预期时期子样本系统广义矩估计的结果；括号内为回归的标准差；*、**和***分别表示在10%、5%和1%显著性水平上显著。

本 章 小 结

当前经济转型时期，银行贷款从资金端助力实体经济结构调整具有重要意义，而在2008年全球金融危机后，更为严格的新资本监管框架确立并实施，银行贷款行为如何变化是值得研究的问题。本章在总结前人研究的基础上，运用中国2004～2015年141家商业银行的非平衡面板数据，研究了资本与银行贷款行为的关系。

研究结论显示：(1) 在贷款总额方面：资本充足率因资本计项里包含次级债，银行面临展期压力，从而会抑制贷款发放；特别是在金融危机时期，紧缩贷款的效应更为显著。但是，新资本监管框架中提高了资本充足率中资本计项的质量，资本充足率对贷款紧缩作用的力度降低。与之不同，核心资本充足率则可以抵御银行破产风险，对贷款发放具有激励的作用，且在金融危机时期，对贷款增速的促进作用更为显著。同资本充足率一致，在新资本监管预期时期，核心资本充足率激励银行发放贷款的作用降低了；杠杆率作为微观审慎监管的工具，在新资本监管预期时期，才真正提高了银行发放贷款的审慎程度。(2) 在贷款结构方面：同对贷款总额增速的影响一致，资本充足率对公司贷款和个人贷款增速均有不同程度的抑制作用，且个人贷款因受到风险权重系数优惠的影响，增速降低更多，尤其是在新资本监管框架下，对资本充足率的敏感性增强。同理，核心资本充足率对个人贷款增速的促进作用也更为明显；杠杆率可以有效地支持银行在金融危机时期发放公司贷款，助力经济复苏，发挥微观审慎功能。(3) 在典型行业贷款方面：核心资本充足率抑制了银行发放房地产业贷款，特别是在金融危机时期，抑制作用更为显著。与房地产业贷款性质不同，核心资本充足率可以促进银行发放制造业贷款，但在金融危机以及新资本监管预期时期，促进作用有所减弱。在实施杠杆率监管之前，杠杆率没有起到微观审慎、降低房地产贷款增速的作用；在新资本监管预期时期，杠杆率对银行房地产贷款增速的促进作用不再显著，侧面反映出杠杆率监管逐渐发挥了抑制房地产贷款的作用。与之不同，银行的杠杆率较高，制造业贷款增速反而更低，而这种抑制作用在新资本监管预期时期得到有效的缓解。

本章的研究结论具有深刻的政策内涵与启示。具体来说，首先，继续提高以风险为基础的资本比率。虽然传统的以风险加权资产为基础的资本充足率以及核心资本充足率对银行贷款总额以及贷款结构和典型行业贷款的影响不尽相同，且在新资本监管框架下，作用力度有所减弱。但是，不应该忽视其在约束（激励）银行贷款总额发放，尤其在金融危机时期，提高银行风险敏感性、优化贷款结构、影响典型行业贷款、助力经济结构调整的相互牵制的作用。一方面从资本构成的角度，严格资本定义，贯彻实施核心一级资本、其他一级资本以及二级资本的规定，对银行形成资本的刚性约束，倒逼银行提高资本配置效率、节约资本使用，从而转向降低资本消耗的发展模式，不仅要对银行发放贷款总量产生有利影响，更重要的是调整银行贷款结构，优化行业贷款资源配置；另一方面从加权风险资产的角度，继续执行不同资产差别化风险权重的措施，对于房地产贷款等潜在风险较大的行业贷款给予较高的风险权重，增强银行业的稳健性，而对于中小企业以及个人贷款等关系经济结构调整与银行转型的贷款，给予低的风险权重，鼓励银行支持实体经济中的薄弱环节。其次，强化审慎监管理念，推行杠杆率监管。本章研究发现，在实施杠杆率监管之前，杠杆率的微观审慎作用不显著，而在新资本监管预期时期的子样本中，杠杆率对银行发放贷款审慎程度的影响逐渐凸显出来了。杠杆率监管，没有考虑风险加权因素，从而可以控制银行业金融机构以及银行体系的杠杆率积累，防止银行规模的过度扩张，一定程度上助力经济复苏，抑制银行贷款流向高风险领域。

需要指出的是，由于样本时间限制，对于在新资本监管框架下资本对银行贷款行为影响的检验只能作为初步结果。新资本监管框架下资本通过预期效应对银行贷款行为产生影响，而到新资本监管框架正式实施阶段，其对银行贷款行为的影响还需进一步探讨。

第六章
资本对银行普惠金融贷款发放行为的影响
——以小微企业贷款为例

第一节 研 究 设 计

一、模型构建

本章首先借鉴彭继增和吴玮（2014）的实证研究模型，设计如下计量模型来研究银行资本与小微企业贷款的关系：

$$\ln smel_{it} = \alpha_0 + \alpha_1 car_{it-1} + \sum_{j=2}^{5} \alpha_j Bcon_{it-1} + \sum_{k=6}^{7} \alpha_k Ocon_{it} + \mu_i + \varepsilon_{it} \quad (6.1)$$

为了检验新资本监管对小微企业贷款风险权重系数优惠改革对银行小微企业贷款的政策效果，这一政策前后可以视为一个典型的"准自然实验"，鉴于此，本章构建双重差分模型（DID）进行分析，具体见方程（6.2）：

$$\ln y_{it} = \beta_0 + \beta_1 G_i \times D_t + \beta_2 G_i + \beta_3 D_t + \sum_{j=4}^{8} \beta_j Bcon_{it-1} + \sum_{k=9}^{10} \beta_k Ocon_{it} + \mu_i + \varepsilon_{it}$$

$$(6.2)$$

借鉴范子英和刘甲炎(2015)的方法,进一步考察新资本监管对小微企业贷款风险权重系数优惠改革前后,资本与银行小微企业贷款供给行为的关系,本书在方程(6.1)的基础上结合方程(6.2)进行扩展得到方程(6.3):

$$\ln y_{it} = \gamma_0 + \gamma_1 car_{it-1} \times G_i \times D_t + \gamma_2 car_{it-1} \times G_i + \gamma_3 car_{it-1} \times D_t + \gamma_4 car_{it-1}$$
$$+ \sum_{j=5}^{8} \beta_j Bcon_{it-1} + \sum_{k=9}^{10} \beta_k Ocon_{it} + \mu_i + \varepsilon_{it} \quad (6.3)$$

方程(6.1)中,ln$smel$ 为小微企业贷款,car 为银行资本水平,$Bcon$ 为银行层面的控制变量,$Ocon$ 为其他控制变量。方程(6.2)中,ln$y$ 为贷款总额的对数(小微企业贷款和大中企业贷款),G 为分组变量,$G=1$ 表示是小微企业贷款,即处理组,$G=0$ 表示的是大中企业贷款,即控制组;D 为时间虚拟变量,$D=1$ 表示新资本监管开始实施之后,$D=0$ 表示实施之前;本章重点关注回归系数 β_1,即双重差分统计量,其度量的就是在考虑控制组的变化后,新资本监管对小微企业贷款风险权重系数优惠实施后对银行小微企业贷款行为的净影响,$Bcon$ 为银行层面的控制变量[①],$Ocon$ 为其他控制变量。方程(6.3)的方法类似于三重差分(difference-in-difference-in-difference,DDD),γ_1 是我们所关注的系数,捕捉的是新资本监管对小微企业贷款实行风险权重优惠的改革实施后,资本对银行小微企业贷款供给行为的影响,γ_2 表示的是新资本监管实施之前,资本与银行小微企业贷款发放行为的关系;同方程(6.1),$Bcon$ 为银行层面的控制变量,$Ocon$ 为其他控制变量。其中,$i=1,2,\cdots,N$ 表示银行数目,$t=1,2,\cdots,T$ 表示时间,μ 为个体异质性的截距项,ε 为随机扰动项。

二、变量说明

(1)被解释变量:小微企业贷款(ln$smel$)以及大中企业贷款(ln$lmel$)

[①] 在方程(6.2)中,银行资本水平作为控制变量。

选取的是各类贷款总额的对数。

（2）核心解释变量：银行资本水平选用的是资本充足率（car）与核心资本充足率（$ccar$）。

（3）银行层面的控制变量：①银行资产规模（$size$）。银行资产规模一般选取总资产（ta）的对数作为代理变量。②银行盈利能力（roa）。银行盈利能力一般用资产收益率作为代理变量。③银行流动性水平（dir）。由于本章研究的是银行贷款行为，因此银行流动性更多地表现为负债层面的充足性，故选取存贷比来衡量银行流动性水平。④银行风险水平（$risk$）。因为本章研究的是银行贷款行为。所以银行风险主要指信贷风险，故选取不良贷款率来衡量银行风险。

（4）其他控制变量：①宏观经济环境（$ggdp$）为国内生产总值的同比增长率；②货币政策控制变量（$gm2$）为 M2 的增长率。见表6.1。

表6.1　　　　　　　　　　变量定义

变量类型	变量名称	变量释义	变量符号
被解释变量	小微企业贷款	小微企业贷款总额取对数	$lnsmel$
	大中企业贷款	大中企业贷款总额取对数	$lnlmel$
核心解释变量	资本水平	资本充足率	car
		核心资本充足率	$ccar$
银行层面控制变量	资产规模	总资产的对数	$size$
	盈利能力	资产收益率	roa
	流动性水平	存贷比	dir
	风险水平	不良贷款率	$risk$
其他控制变量	宏观经济环境	GDP 同比增长率	$ggdp$
	货币政策	M2 增长率	$gm2$

三、样本选取及描述性统计

本章选取了中国 2007~2015 年 73 家商业银行的数据,包括 5 家大型商业银行银行、11 家股份制商业银行、50 家城市商业银行和 7 家农村商业银行。数据来源于 Wind 数据库、CSMAR 数据库和历年商业银行年报。

从表 6.2 可以看出新资本监管对小微企业贷款给予优惠的风险权重系数改革实施之后,样本银行小微企业贷款的平均值要显著大于实施之前的,平均值增长率为 117.13%;新资本监管实施之后样本银行大中企业贷款的平均值也显著大于实施之前的,但是平均值增长率为 85.04%,显著低于小微企业贷款平均值的增长率。不管是新资本监管实施之前还是之后,以大型与股份制商业银行为代表的大规模商业银行小微企业贷款以及大中企业贷款的均值都显著大于以城市与农村商业银行为代表的小规模商业银行,但是新资本监管实施之后,小规模商业银行的小微企业贷款平均值增长率要显著大于大规模商业银行;然而,小规模商业银行的大中企业贷款平均值增长率与大规模商业银行的差别不大。以上均值描述性统计,一定程度上说明了新资本监管给予小微企业贷款优惠的风险权重系数的改革促进了银行小微企业贷款的发放,而且这种促进作用在小规模商业银行中更为显著。

表 6.2　　　　　　　　　主要变量的均值统计

变量	全样本 改革前	全样本 改革后	大规模商业银行 改革前	大规模商业银行 改革后	小规模商业银行 改革前	小规模商业银行 改革后
$smel$	794.531	1725.139	3648.531	5787.470	143.074	332.340
$lmel$	2575.886	4766.305	12629.300	17501.080	281.085	400.098
car	13.407	12.618	11.888	12.130	13.754	12.786
ta	9215.976	18867.260	44195.250	66887.500	1231.576	2403.177
roa	1.199	1.188	1.130	1.376	1.215	1.124
dir	63.011	63.066	70.855	71.448	61.221	60.193

续表

变量	全样本		大规模商业银行		小规模商业银行	
	改革前	改革后	改革前	改革后	改革前	改革后
$risk$	1.033	1.239	0.790	1.187	1.089	1.256
$ggdp$	9.328	7.385	9.062	7.333	9.389	7.402
$gm2$	18.003	12.592	17.015	12.647	18.228	12.573

注：各类贷款和资产总额的单位为亿元，其他变量为百分比。本章中的大规模商业银行指的是大型商业银行和股份制商业银行小规模商业银行指的是城市商业银行和农村商业银行。

在银行资本水平方面，新资本监管改革实施之后样本银行资本充足率的平均值要小于实施之前的，这主要是因为新资本监管改革对资本的质提出了更高的要求，部分原本计入资本充足率的资本被取消了。但是大规模商业银行资本充足率的平均值要大于新资本监管改革实施之前的，而小规模商业银行资本充足率的平均值在新资本监管实施后显著下降了，说明在新资本监管改革实施之后，大规模商业银行的资本水平提高了，而小规模商业银行的资本水平反而下降。这一方面反映了新资本监管对不同规模商业银行资本充足性要求达标时间的差异的影响；另一方面也从侧面表明，大规模商业银行在补充资本方面要比小规模商业银行渠道更多，而且更为容易。

此外，在控制变量方面，小规模商业银行的资产扩张速度要大于大规模商业银行。商业银行整体资产收益率的平均值在新资本监管改革实施后降低了，但大规模商业银行的资产收益率却提高了，而且大规模商业银行的资产收益率要大于小规模商业银行。不管是新资本监管改革之前还是改革之后，大规模商业银行的存贷比一直高于小规模银行的存贷比；新资本监管改革实施后，商业银行风险提高了；虽然在新资本监管改革实施前后，大规模商业银行的不良贷款率要低于小规模商业银行，但是大规模商业银行不良贷款率均值的增长率要大于小规模商业银行。大规模商业银行与小规模商业银行的差异性再次印证了本章的出发点，需要区分银行规模来研究银行资本与小微企业贷款的关系。广义货币增长率要显著大于国内生产总值的同比增长率，但在新资本监管改革实施之后，两者的差距缩小了。

第二节 实证结果与分析

由于本章是非平衡面板数据,所以采用混合回归和固定效应模型。固定效应模型可以有效地控制样本不随时间变化的个体效应对小微企业贷款的影响,能够在一定程度上降低无法观察到的个体效应可能导致的内生性问题,所以,本章以固定效应回归为基准。

一、资本与银行小微企业贷款供给行为的关系

方程(6.1)的估计结果如表 6.3 所示。在全样本回归中,资本充足率在混合回归与固定效应估计中的估计系数都显著为负,说明资本充足性越好的银行发放的小微企业贷款越少。固定效应回归的估计系数为 -0.011,表明提高 1 个单位的资本充足率,小微企业贷款增速将降低 1.1%。这主要是小微企业和银行两方面的原因导致的。一方面,小微企业贷款因贷款主体的信息透明度差,经营管理存在缺陷,同时小微企业贷款往往缺乏贷款抵押品,这样使得小微企业贷款的违约率较高,风险较大;另一方面,当银行资本水平较高时,其冒险动机会下降,更多地选择风险相对较小的贷款(Furlong & Keely, 1989; Rochet, 1992)。综上两方面原因,拥有较高资本水平的银行会选择缩减小微企业贷款。

表 6.3　　　　资本对银行小微企业贷款供给行为的影响

变量	全样本 混合回归	全样本 固定效应	大规模银行 混合回归	大规模银行 固定效应	小规模银行 混合回归	小规模银行 固定效应
car	-0.015* (0.008)	-0.011** (0.005)	0.118** (0.048)	0.005 (0.028)	-0.023*** (0.009)	-0.014*** (0.005)
size	0.792*** (0.019)	1.167*** (0.072)	0.795*** (0.086)	2.246*** (0.174)	0.717*** (0.039)	1.011*** (0.079)

续表

变量	全样本 混合回归	全样本 固定效应	大规模银行 混合回归	大规模银行 固定效应	小规模银行 混合回归	小规模银行 固定效应
roa	0.431*** (0.092)	0.140* (0.073)	0.783** (0.380)	1.068*** (0.226)	0.308*** (0.103)	0.050 (0.0782)
dir	0.015*** (0.003)	0.008** (0.003)	0.016* (0.009)	−0.008 (0.007)	0.018*** (0.004)	0.014*** (0.004)
$risk$	−0.166*** (0.038)	−0.292*** (0.025)	0.352** (0.176)	−0.296*** (0.095)	−0.207*** (0.042)	−0.323*** (0.027)
$ggdp$	−0.033 (0.030)	0.001 (0.020)	−0.044 (0.073)	0.257*** (0.046)	−0.046 (0.034)	−0.034 (0.022)
$gm2$	−0.030*** (0.011)	−0.005 (0.006)	0.003 (0.027)	0.047*** (0.013)	−0.034*** (0.012)	−0.012* (0.007)
常数项	3.033*** (0.617)	−6.509*** (2.104)	0.012 (2.168)	−41.340*** (5.586)	5.216*** (1.123)	−2.041 (2.243)
R^2	0.777	0.737	0.753	0.787	0.515	0.753

注：括号内为回归的标准差；*、**和***分别表示在10%、5%和1%显著性水平上显著；检验为相应的P值。

在以大型和股份制商业银行为代表的大规模商业银行分组中，资本充足率的估计系数为正，但只在混合回归中是统计上显著的。因此，资本对这类银行小微企业贷款供给的影响在整个样本区间内可能有一定的促进作用。这可能是因为在新资本监管改革实施后，小微企业贷款风险权重系数降低，大规模商业银行资本与小微企业贷款供给行为的关系发生了变化，导致在整个样本时间段内两者关系不一致。

在以城市和农村商业银行为代表的小规模商业银行分组中，资本充足率的估计系数在混合回归和固定效应回归中都显著为负，且系数的绝对值要大于全样本的结果，显著性水平也优于全样本的结果，表明当小规模商业银行的资本充足率水平较高时，其紧缩小微企业贷款的力度更大。与大规模商业银行相比，小规模商业银行小微企业贷款所占的比例更大，而小微企业贷款的不良贷款率往往高于大中企业贷款，导致小规模商业银行的风险对于资本的敏感性要更强。所以，提高资本水平，对小规模商业银行风险偏好的抑制作用更为有效，进而使得小规模商业银行小微企业贷款增速下滑更大。

在控制变量方面：银行资产规模的估计系数显著为正，且在大规模商业银行分组中的系数最大，说明大规模商业银行一方面凭借其资金实力与先进技术，能够有效地防控小微企业贷款风险。另一方面可以通过多元化的交易型贷款技术，创造交易型贷款的规模经济和范围经济效应，弥补其在关系型贷款上的劣势，从而有效服务于小微企业融资；而且这种规模优势在大规模商业银行中更为明显。银行盈利能力的估计系数为正，并且在全样本及大规模商业银行分组中统计上是显著的，大规模商业银行分组中的系数也较大，表明盈利能力较好的银行，发放的小微企业贷款也较多，而大规模商业银行盈利能力与其小微企业贷款的正相关性更强。存贷比的估计系数在全样本及小规模商业银行分组中与小微企业贷款正相关，也就是说流动性相对不足的银行发放的小微企业贷款更多，这种现象在小规模商业银行中更为突出。不良贷款率与小微企业贷款显著负相关，而且在小规模商业银行分组中系数绝对值最大，意味着当银行的信用风险较大时，会选择缩减小微企业贷款，而小规模商业银行因其风险敏感性更强，所以其缩减力度更大。此外，在宏观经济环境与货币政策方面，大规模商业银行的小微企业贷款具有显著的顺周期特征，而小规模商业银行小微企业贷款的逆周期效应明显；同样，在货币政策较为宽松时，大规模商业银行的小微企业贷款增速较快，而小规模商业银行的小微企业贷款增速反而下降。

二、新资本监管政策实施对银行小微企业贷款供给行为的影响

方程（6.2）的估计结果如表 6.4 所示，不管是混合回归还是固定效应估计，全样本回归中交互项的估计系数在 1% 水平上显著为正，说明了新资本监管给予小微企业贷款风险权重系数优惠的改革能够显著促进银行发放小

微企业贷款。以固定效应估计为基准,全样本回归中交互项的估计系数为 0.479,表明新资本监管给予小微企业风险权重系数优惠后,小微企业贷款增速比没有受到权重系数优惠的大中企业贷款提高了 47.4%,意味着新资本监管中对小微企业贷款的风险权重系数优惠在激励银行发放小微企业贷款方面起到了积极的作用。新资本监管框架对银行资本的质和量都提出了更为严格的要求,银行为满足新资本监管框架要求,减轻监管压力,会倾向于低消耗资本的贷款项目。虽然小微企业贷款由于贷款主体在经营管理方面的不足,导致信息透明度差,而且普遍没有抵押品保障,违约率往往相对较高,但是新资本监管框架中小微企业贷款风险权重系数降低,一定程度上可以弥补小微企业贷款违约所消耗的资本。所以,新资本监管改革实施后,银行小微企业贷款的增速提高了。

表 6.4　新资本监管政策实施对银行小微企业贷款供给行为的影响

变量	全样本 混合回归	全样本 固定效应	大规模银行 混合回归	大规模银行 固定效应	小规模银行 混合回归	小规模银行 固定效应
G	-0.738*** (0.076)	-0.751*** (0.073)	-1.447*** (0.115)	-1.447*** (0.108)	-0.559*** (0.089)	-0.573*** (0.084)
D	-0.232** (0.103)	-0.212** (0.104)	-0.266* (0.152)	-0.261* (0.158)	-0.267** (0.122)	-0.234* (0.123)
$G \times D$	0.470*** (0.111)	0.479*** (0.106)	0.451*** (0.158)	0.451*** (0.148)	0.548*** (0.132)	0.557*** (0.125)
car	-0.002 (0.008)	0.002 (0.010)	0.077** (0.038)	0.014 (0.051)	-0.004 (0.008)	0.001 (0.011)
$size$	0.941*** (0.018)	0.934*** (0.153)	0.896*** (0.067)	1.255*** (0.357)	0.930*** (0.037)	0.867*** (0.170)
roa	0.254*** (0.088)	0.186 (0.149)	0.412 (0.297)	0.646 (0.419)	0.210** (0.097)	0.150 (0.162)
dir	0.016*** (0.003)	0.008 (0.007)	0.009 (0.007)	-0.001 (0.014)	0.018*** (0.004)	0.001 (0.007)

续表

变量	全样本		大规模银行		小规模银行	
	混合回归	固定效应	混合回归	固定效应	混合回归	固定效应
$risk$	−0.031 (0.036)	−0.116** (0.052)	0.223 (0.139)	−0.042 (0.177)	−0.051 (0.040)	−0.128** (0.056)
$ggdp$	0.043 (0.033)	0.026 (0.042)	0.028 (0.065)	0.105 (0.084)	0.041 (0.037)	0.012 (0.046)
$gm2$	−0.005 (0.011)	0.003 (0.013)	0.006 (0.022)	0.023 (0.025)	−0.004 (0.013)	0.0003 (0.014)
常数项	−1.407** (0.626)	−0.551 (4.430)	−0.639 (1.735)	−10.340 (11.330)	−1.212 (1.087)	1.110 (4.767)
R^2	0.841	0.332	0.864	0.690	0.603	0.305

注：括号内为回归的标准差；*、**和***分别表示在10%、5%和1%显著性水平上显著；检验为相应的P值。

交互项的估计系数在大规模商业银行分组中要小于全样本的估计结果，而在小规模商业银行分组中要大于全样本的估计结果，也就说小微企业贷款的风险权重优惠的改革对小规模商业银行发放小微企业贷款的促进作用力度更大。这种现象依然可以从小微企业贷款占据不同规模商业银行贷款总额比例差异、两者风险敏感程度以及补充资本的难易程度上来解释。首先，小规模商业银行的小微企业贷款占贷款总额的比例要显著大于大规模商业银行，这也决定了在小微企业贷款风险权重系数优惠政策实施后，小规模商业银行小微企业贷款增速提高更多。其次，小规模商业银行对风险的敏感性要比大规模商业银行更强，因为大规模商业银行一方面往往有"大而不倒"的隐性保险保障，再加上在风险管理方面比小规模商业银行做得要好，因此，小微企业贷款降低风险权重系数对风险更为敏感的小规模商业银行影响较大。其次，与大规模商业银行相比，小规模商业银行补充资本金的渠道相对狭窄，主要为股权资本金和留存收益，次级债等较少。在小微企业贷款风险权重系数得到优惠的同时，新资本监管也对银行整体资本的质与量提出了更高的要求，小规模商业银行为了达到新的要求，对占据风险权重系数较小的小微企业贷款的发放会在一定程度上增加。

三、新资本监管框架下资本对银行小微企业贷款供给行为的影响

方程（6.3）的估计结果如表 6.5 所示，在全样本的混合回归和固定效应回归结果中，资本充足率及其与分组和时间段的虚拟变量的交互项在统计上都是显著的。首先，资本充足率与分组虚拟变量交互项的估计系数显著为负，说明在实施新资本监管之前，资本充足率与小微企业贷款负相关，也就是说银行的资本水平越高，发放的小微企业贷款越少。其次，资本充足率与分组和分时间段的虚拟变量两者交互项的估计系数显著为正，说明在新资本监管框架对小微企业贷款给予风险权重系数优惠政策实施之后，资本充足率对银行发放小微企业贷款起到了积极的促进作用。这与前面的结论相呼应，新资本监管框架实施之前，小微企业贷款不良贷款率相对较高，风险较大，而资本水平较高的银行，其风险敏感性较强，所以会选择减少小微企业贷款的发放。然而，新资本监管框架实施之后，小微企业贷款风险权重系数降低，其对银行资本的消耗也相应降低，再加上新资本监管框架对资本的质和量都提出了更高的要求，在资本充足性要求的压力下，银行更偏好低资本消耗的贷款，而且随着大数据等技术的应用，小微企业贷款主体的信息透明度提高，违约率有所降低。因此，资本水平高的银行在风险相对可控，同时又可以降低资本消耗的驱动下，更愿意发放小微企业贷款。

表 6.5　　新资本监管框架下资本与银行小微企业贷款供给行为的关系

变量	全样本		大规模银行		小规模银行	
	混合回归	固定效应	混合回归	固定效应	混合回归	固定效应
$car \times G$	-0.048*** (0.006)	-0.049*** (0.005)	-0.122*** (0.010)	-0.122*** (0.010)	-0.036*** (0.006)	-0.037*** (0.006)
$car \times D$	-0.015** (0.007)	-0.012* (0.007)	-0.024* (0.013)	-0.022* (0.013)	-0.019** (0.008)	-0.014* (0.008)

续表

变量	全样本 混合回归	全样本 固定效应	大规模银行 混合回归	大规模银行 固定效应	小规模银行 混合回归	小规模银行 固定效应
$car \times G \times D$	0.028*** (0.008)	0.029*** (0.008)	0.040*** (0.014)	0.040*** (0.013)	0.034*** (0.009)	0.035*** (0.009)
car	0.023*** (0.008)	0.026** (0.011)	0.140*** (0.039)	0.077 (0.053)	0.014* (0.009)	0.019* (0.011)
$size$	0.942*** (0.019)	0.931*** (0.154)	0.897*** (0.069)	1.240*** (0.363)	0.931*** (0.037)	0.867*** (0.169)
roa	0.254*** (0.088)	0.179 (0.151)	0.411 (0.304)	0.645 (0.432)	0.210** (0.098)	0.143 (0.163)
dir	0.016*** (0.003)	0.007 (0.007)	0.009 (0.007)	-0.002 (0.015)	0.018*** (0.004)	0.010 (0.008)
$risk$	-0.029 (0.037)	-0.116** (0.052)	0.225 (0.142)	-0.043 (0.183)	-0.049 (0.040)	-0.126** (0.056)
$ggdp$	0.039 (0.032)	0.024 (0.042)	0.026 (0.066)	0.106 (0.087)	0.035 (0.036)	0.010 (0.046)
$gm2$	-0.005 (0.011)	0.004 (0.013)	0.006 (0.022)	0.023 (0.026)	-0.006 (0.012)	0.0003 (0.015)
常数项	-1.742*** (0.618)	-0.807 (4.489)	-1.387 (1.748)	-10.660 (11.580)	-1.432 (1.084)	0.876 (4.780)
R^2	0.837	0.314	0.857	0.672	0.600	0.299

注：括号内为回归的标准差；*、**和***分别表示在10%、5%和1%显著性水平上显著；检验为相应的P值。

在不同规模商业银行分组回归中，混合回归和固定效应回归结果系数正负方向一致，系数大小有略微差别，只是资本充足率的估计系数在大规模商业银行固定效应模型中统计上不显著，本章仍以固定效应模型结果为基准。对大规模商业银行来说，在新资本监管实施之前，资本充足率与小微企业贷款显著负相关，也就说资本水平高的大规模商业银行不愿意发放小微企业贷款。当然，此时资本水平较高的小规模商业银行发放的小微企业贷款也较少，但是银行资本对小微企业贷款的抑制作用要小于大规模商业银行。这一方面再次印证了在新资本监管框架实施之前,资本水平越高的银行发放的小微企业贷款越少。另一方面也说明与小规模商业银行相比,大规模商业银行中小微企业贷款占比较小;同时,其风险偏好强度也较低。因此,当资本水平提高时,大规模商业银行缩减小微贷款的程度会更大。然而,在新资本监管框架实施后,不同规模商业银行分组中,资本充足率都与小微企业贷款正相关,这再一次说明给予小微企业贷款优惠的风险权重系数,资本水平较高的银行发放小微企业贷款的倾向增强;而且,大规模商业银行分组中的估计系数更大,表明资本水平高的大规模商业银行的小微企业贷款增速更快。新资本监管改革实施之后,大规模商业银行贷款偏好发生变化,这一方面源于新资本监管改革要求大规模商业银行资本水平达标时间更为紧急,导致大规模商业银行比小规模商业银行走轻资本转型发展的道路在时间上更为紧迫;另一方面由于小微企业贷款在大数据等高新技术的应用下,风险得到合理控制,而小微企业贷款的利率往往较高,在利率市场化进程不断深入,利差缩减情况下,小微企业贷款高收益低风险的特征,成为大规模商业银行转型发展拓展业务新的"蓝海"。

四、稳健性分析

为了确保本章模型的稳健性,我们选用核心资本充足率来衡量银行资本,再一次对方程(6.1)和方程(6.3)进行回归,结果如表6.6~表6.8所示。

表6.6 银行资本对银行小微企业贷款供给行为的影响

变量	全样本		大规模商业银行		小规模商业银行	
	混合回归	固定效应	混合回归	固定效应	混合回归	固定效应
$ccar$	-0.019 ** (0.008)	-0.010 * (0.005)	0.083 * (0.046)	-0.001 (0.028)	-0.028 *** (0.008)	-0.013 ** (0.006)
$size$	0.786 *** (0.020)	1.173 *** (0.073)	0.819 *** (0.086)	2.247 *** (0.175)	0.706 *** (0.040)	1.013 *** (0.080)

续表

变量	全样本 混合回归	全样本 固定效应	大规模商业银行 混合回归	大规模商业银行 固定效应	小规模商业银行 混合回归	小规模商业银行 固定效应
roa	0.421*** (0.094)	0.131* (0.073)	0.808** (0.383)	1.068*** (0.227)	0.287*** (0.105)	0.043 (0.0789)
dir	0.015*** (0.003)	0.009*** (0.003)	0.017* (0.009)	-0.008 (0.007)	0.017*** (0.004)	0.015*** (0.004)
$risk$	-0.164*** (0.039)	-0.285*** (0.025)	0.308* (0.175)	-0.300*** (0.095)	-0.206*** (0.042)	-0.314*** (0.027)
$ggdp$	-0.034 (0.031)	0.001 (0.021)	-0.053 (0.073)	0.256*** (0.045)	-0.048 (0.034)	-0.034 (0.023)
$gm2$	-0.030*** (0.011)	-0.005 (0.006)	0.006 (0.027)	0.047*** (0.014)	-0.034*** (0.012)	-0.012* (0.007)
常数项	3.249*** (0.641)	-6.742*** (2.139)	-0.036 (2.184)	-41.280*** (5.581)	5.589*** (1.156)	-2.185 (2.286)
R^2	0.776	0.738	0.749	0.787	0.516	0.755

注：括号内为回归的标准差；*、** 和 *** 分别表示在10%、5%和1%显著性水平上显著；检验为相应的P值。

表6.7　新资本监管政策实施对银行小微企业贷款供给行为的影响

变量	全样本 混合回归	全样本 固定效应	大规模商业银行 混合回归	大规模商业银行 固定效应	小规模商业银行 混合回归	小规模商业银行 固定效应
G	-0.793*** (0.076)	-0.804*** (0.072)	-1.447*** (0.117)	-1.447*** (0.108)	-0.639*** (0.088)	-0.649*** (0.083)
D	-0.229** (0.103)	-0.231** (0.100)	-0.193 (0.151)	-0.176 (0.148)	-0.272** (0.123)	-0.279** (0.121)
$G \times D$	0.517*** (0.113)	0.520*** (0.107)	0.451*** (0.160)	0.451*** (0.148)	0.621*** (0.134)	0.622*** (0.127)
$ccar$	-0.013 (0.010)	0.006 (0.012)	0.060 (0.040)	0.016 (0.058)	-0.019* (0.011)	0.006 (0.013)

续表

变量	全样本 混合回归	全样本 固定效应	大规模商业银行 混合回归	大规模商业银行 固定效应	小规模商业银行 混合回归	小规模商业银行 固定效应
$size$	0.934*** (0.019)	1.002*** (0.150)	1.023*** (0.046)	1.148*** (0.323)	0.913*** (0.037)	0.967*** (0.165)
roa	0.028 (0.038)	-0.005 (0.042)	-0.011 (0.030)	0.005 (0.030)	0.093 (0.099)	-0.051 (0.155)
dir	0.020*** (0.003)	0.008 (0.007)	0.014* (0.007)	-0.008 (0.014)	0.021*** (0.003)	0.011 (0.008)
$risk$	0.013 (0.030)	0.002 (0.038)	0.015 (0.065)	0.062 (0.077)	0.010 (0.033)	-0.007 (0.043)
$ggdp$	-0.008 (0.009)	-0.003 (0.011)	0.012 (0.021)	0.007 (0.022)	-0.009 (0.011)	-0.006 (0.012)
$gm2$	-1.028* (0.618)	-2.237 (4.426)	-3.825*** (1.425)	-5.814 (10.23)	-0.603 (1.106)	-1.346 (4.769)
常数项	-1.407** (0.626)	-0.551 (4.430)	-0.639 (1.735)	-10.340 (11.330)	-1.212 (1.087)	1.110 (4.767)
R^2	0.836	0.346	0.860	0.687	0.598	0.320

注：括号内为回归的标准差；*、**和***分别表示在10%、5%和1%显著性水平上显著；检验为相应的P值。

表6.8　新资本监管框架下资本与银行小微企业贷款供给行为的关系

变量	全样本 混合回归	全样本 固定效应	大规模商业银行 混合回归	大规模商业银行 固定效应	小规模商业银行 混合回归	小规模商业银行 固定效应
$ccar \times G$	-0.054*** (0.006)	-0.054*** (0.006)	-0.160*** (0.014)	-0.160*** (0.013)	-0.041*** (0.007)	-0.042*** (0.007)
$ccar \times D$	-0.017** (0.009)	-0.013 (0.009)	-0.032* (0.017)	-0.029* (0.017)	-0.021** (0.010)	-0.015 (0.010)
$ccar \times G \times D$	0.032*** (0.010)	0.032*** (0.009)	0.054*** (0.018)	0.054*** (0.017)	0.038*** (0.011)	0.039*** (0.010)

续表

变量	全样本		大规模商业银行		小规模商业银行	
	混合回归	固定效应	混合回归	固定效应	混合回归	固定效应
$ccar$	0.022*** (0.008)	0.031*** (0.011)	0.136*** (0.038)	0.094* (0.054)	0.013 (0.009)	0.024** (0.012)
$size$	0.940*** (0.019)	0.936*** (0.158)	0.913*** (0.069)	1.226*** (0.367)	0.928*** (0.038)	0.875*** (0.173)
roa	0.245*** (0.090)	0.183 (0.154)	0.427 (0.308)	0.652 (0.437)	0.194* (0.100)	0.148 (0.166)
dir	0.016*** (0.003)	0.007 (0.007)	0.009 (0.007)	-0.002 (0.015)	0.018*** (0.004)	0.009 (0.008)
$risk$	-0.029 (0.037)	-0.115** (0.052)	0.195 (0.142)	-0.045 (0.185)	-0.049 (0.040)	-0.125** (0.056)
$ggdp$	0.037 (0.032)	0.028 (0.043)	0.021 (0.066)	0.104 (0.087)	0.032 (0.036)	0.014 (0.047)
$gm2$	-0.006 (0.011)	0.004 (0.013)	0.009 (0.023)	0.023 (0.026)	-0.006 (0.013)	0.0001 (0.015)
常数项	-1.619** (0.648)	-0.990 (4.601)	-1.429 (1.771)	-10.17 (11.64)	-1.287 (1.124)	0.628 (4.893)
R^2	0.835	0.304	0.853	0.665	0.599	0.295

注：括号内为回归的标准差；*、** 和 *** 分别表示在10%、5%和1%显著性水平上显著；检验为相应的 P 值。

对比表 6.3 和表 6.6，表 6.4 和表 6.7，表 6.5 和表 6.8，可以看出采用核心资本充足率来衡量银行资本水平与用资本充足率来衡量，模型估计结果系数大小略有差别，但系数符号及大小关系基本一致，说明本章模型具有良好的稳健性。

本 章 小 结

小微企业融资难问题一直是学术界和各国政府关注与争论的焦点,本章从银行资本的视角切入,从银行供给端来探讨这一问题,试图为解决这一问题提供新的思路。本章运用2007~2015年73家商业银行的数据,以实施的小微企业贷款风险权重系数优惠政策为切入点,改革前后可以视为"准自然实验",构建双重差分模型,深入研究了资本与银行小微企业贷款的关系,并对"小银行优势理论"进行了再检验。结果表明:(1)资本水平越好的银行发放的小微企业贷款越少,并且小规模商业银行紧缩小微企业贷款的力度更大。(2)新资本监管给予小微企业贷款风险权重系数优惠能够显著激励银行发放小微企业贷款,这种激励作用在小规模商业银行中更为显著。(3)在实施新资本监管之前,资本与银行小微企业贷款负相关,然而在改革实施之后,资本对银行小微企业贷款起到了积极的促进作用。(4)在新资本监管实施之前,资本好的大规模商业银行缩减小微企业贷款的力度要比小规模商业银行大;然而,在改革实施之后,资本水平较高的大规模商业银行与小规模商业银行相比,小微企业贷款增速更快。

本章的研究结论具有深刻的政策内涵与启示。具体来说,首先,继续执行小微企业贷款风险权重系数优惠政策。根据本章的研究结论,小微企业贷款与大中企业贷款风险权重系数的差异政策,可以有效地激励银行发放小微企业贷款,支持经济中的薄弱环节。其次,继续提高银行的资本水平。虽然在新资本监管实施之前,提高银行资本水平可以降低银行风险偏好,进而缩减小微企业贷款,但是在改革实施之后,资本水平可以显著促进银行发放小微企业贷款。因此,应该严格资本定义,贯彻实施核心一级资本、其他一级资本以及二级资本的规定,对银行形成资本的刚性约束,倒逼银行提高资本配置效率,节约资本使用,从而转向降低资本消耗的发展模式,促进小微企业贷款的发放。最后,构建多层次的银行服务体系。在改革之前,小规模商业银行是小微贷款供给的主力军。然而，在改革之后，大规模商业银行也加入了小微企业贷款资源竞争的行列。所以，一方面，可以继续鼓励和引导大规模商业银行服务小微企业，建立小微企业贷款服务专项管理部门，运用其资金及大数据技术的优势，适度扩大基层机构小微企业贷款的决策权，缩短审批链条；另一方面，继续扶持小规模商业银行的发展，地方政府应大力支持地方性银行的发展，通过税收优惠和财政补贴等手段，鼓励其拓展与创新小微企业信贷业务，在基层增设分支机构，扩大服务领域。鼓励大规模商业银行与小规模商业银行对小微企业贷款领域的差异化有效竞争，共同服务于小微企业融资，提高金融普惠性，促进产业结构调整与升级。

第七章
资本对银行普惠金融贷款发放行为的影响
——以个人贷款为例

第一节 研究设计

一、模型构建

本章首先借鉴彭继增和吴玮（2014）的实证研究模型，设计如下计量模型来研究资本与银行个人贷款[①]行为的关系：

$$\ln pl_{it} = \alpha_0 + \alpha_1 car_{it-1} + \sum_{j=2}^{5}\alpha_j Bcon_{it-1} + \sum_{k=6}^{7}\alpha_k Ocon_{it} + \mu_i + \varepsilon_{it} \quad (7.1)$$

为了检验新资本监管对个人贷款风险权重系数优惠改革对银行个人贷款供给行为的政策效果，这一政策前后可以视为一个典型的"准自然实验"，鉴于此，本章构建双重差分模型（DID）进行分析，具体见方程（7.2）：

[①] 为了更为准确地衡量出新资本监管给予个人贷款优惠风险权重改革对银行个人贷款发放行为的影响，本章中的个人贷款是指个人贷款总额中扣除个人住房抵押的部分。

$$\ln y_{it} = \beta_0 + \beta_1 G_i \times D_t + \beta_2 G_i + \beta_3 D_t + \sum_{j=4}^{8} \beta_j Bcon_{it-1} + \sum_{k=9}^{10} \beta_k Ocon_{it} + \mu_i + \varepsilon_{it} \tag{7.2}$$

借鉴范子英和刘甲炎（2015）的方法，进一步考察新资本监管对个人贷款风险权重优惠改革前后，资本与银行个人贷款供给行为的关系，本章在方程（7.1）的基础上结合方程（7.2）进行扩展得到方程（7.3）：

$$\ln y_{it} = \gamma_0 + \gamma_1 car_{it-1} \times G_i \times D_t + \gamma_2 car_{it-1} \times G_i + \gamma_3 car_{it-1} \times D_t + \gamma_4 car_{it-1}$$
$$+ \sum_{j=5}^{8} \beta_j Bcon_{it-1} + \sum_{k=9}^{10} \beta_k Ocon_{it} + \mu_i + \varepsilon_{it} \tag{7.3}$$

在方程（7.1）中，$\ln pl$ 为个人贷款，car 为银行资本水平，$Bcon$ 为银行层面的控制变量，$Ocon$ 为其他控制变量。在方程（7.2）中，$\ln y$ 为两类贷款（个人贷款和大中企业贷款），G 为分组变量，$G=1$ 表示是个人贷款，即处理组，$G=0$ 表示的是大中企业贷款，即控制组；D 为时间虚拟变量，$D=1$ 表示新资本监管开始实施之后，$D=0$ 表示实施之前。本章重点关注回归系数 β_1，即双重差分统计量，其度量的就是在考虑控制组的变化后，新资本监管对个人贷款风险权重系数优惠改革实施后对个人贷款的净影响，$Bcon$ 为银行层面的控制变量[①]，$Ocon$ 为其他控制变量。方程（7.3）的方法类似于三重差分（difference-in-difference-in-difference，DDD），γ_1 是我们关注的系数，捕捉的是新资本监管对个人贷款实行风险权重系数优惠的改革实施后，资本对银行个人贷款供给行为的影响，γ_2 表示的是新资本监管实施之前，资本与银行个人贷款供给行为的关系；同方程（7.1），$Bcon$ 为银行层面的控制变量，$Ocon$ 为其他控制变量。其中，$i=1, 2, \cdots, N$ 表示银行数目，$t=1, 2, \cdots, T$ 表示时间，μ 为个体异质性的截距项，ε 为随机扰动项。

二、变量说明

（1）被解释变量：个人贷款（$\ln pl$）以及大中企业贷款（$\ln lmel$）选取的

---

① 在方程（7.2）中，银行资本水平作为控制变量。

是各类贷款总额的对数。

（2）核心解释变量：银行资本水平选用的是资本充足率（car）与核心资本充足率（ccar）。

（3）银行层面的控制变量：①银行资产规模（size）。银行资产规模一般选取总资产的对数作为代理变量。②银行盈利能力（roa）。银行盈利能力一般用资产收益率作为代理变量。③银行流动性水平（dir）。由于本章研究的是银行贷款行为。因此，银行流动性更多地表现为负债层面的充足性，故选取存贷比来衡量银行流动性水平。④银行风险水平（risk）。因为本章研究的是银行贷款行为。所以，银行风险主要指信贷风险，故选取不良贷款率来衡量银行风险。

（4）其他控制变量：①宏观经济环境（ggdp）为 GDP 的同比增长率；②货币政策控制变量（gm2）为 M2 的增长率。见表 7.1。

表 7.1　　　　　　　　　　　　变量定义

变量类型	变量名称	变量释义	变量符号
被解释变量	个人贷款	个人贷款总额取对数	lnpl
	大中企业贷款	大中企业贷款总额取对数	lnlmel
核心解释变量	资本水平	资本充足率	car
		核心资本充足率	ccar
银行层面控制变量	资产规模	总资产的对数	size
	盈利能力	资产收益率	roa
	流动性水平	存贷比	dir
	风险水平	不良贷款率	risk
其他控制变量	宏观经济环境	GDP 同比增长率	ggdp
	货币政策	M2 增长率	gm2

三、样本选取及描述性统计

本章选取了中国 2007~2015 年 62 家商业银行的数据，包括 5 家大型商业银行、10家股份制商业银行、43家城市商业银行和4家农村商业银行。数据来源于Wind数据库、CSMAR数据库和历年商业银行年报。

从表7.2可以看出在新资本监管对个人贷款给予优惠风险权重系数的改革实施之后，样本银行个人贷款的平均值要显著大于实施之前的，平均值增长率为159.74%；新资本监管实施之后样本银行大中企业贷款的平均值也显著大于实施之前的，但是平均值增长率为83.80%，显著低于个人贷款平均值的增长率。不管是新资本监管实施之前还是之后，以大型与股份制商业银行为代表的大规模商业银行个人贷款以及大中企业贷款的均值都显著大于以城市与农村商业银行为代表的小规模商业银行；但是新资本监管实施之后，小规模商业银行的个人贷款平均值增长率要显著大于大规模商业银行的。然而，小规模商业银行的大中企业贷款平均值增长率与大规模商业银行的差别不大。以上均值描述性统计，一定程度上说明了新资本监管给予个人贷款优惠的风险权重系数的改革促进了银行个人贷款的发放，而且这种促进作用在小规模商业银行中更为显著。

表7.2 主要变量的均值统计

变量	全样本 改革前	全样本 改革后	大规模商业银行 改革前	大规模商业银行 改革后	小规模商业银行 改革前	小规模商业银行 改革后
pl	539.200	1400.494	2079.831	4032.365	56.315	137.195
$lmel$	3273.186	6016.055	12629.300	17501.080	340.674	503.245
car	13.518	12.424	11.888	12.130	14.029	12.565
ta	11673.530	23753.650	44195.250	66887.500	1480.149	3049.400
roa	1.141	1.185	1.130	1.376	1.145	1.094
dir	62.611	63.331	70.855	71.448	60.028	59.434
$risk$	1.037	1.206	0.790	1.187	1.114	1.215
$ggdp$	9.375	7.377	9.062	7.333	9.473	7.398
$gm2$	18.104	12.565	17.015	12.647	18.445	12.526

注：各类贷款和资产总额的单位为亿元，其他变量为百分比。本章中的大规模商业银行指的是大型商业银行和股份制商业银行，小规模商业银行指的是城市商业银行和农村商业银行。

在银行资本水平方面，新资本监管改革实施之后样本银行资本充足率的平均值要小于实施之前的，这主要是因为新资本监管改革对资本的质量提出了更高的要求，部分原本计入资本充足率的资本被取消了。但是大规模商业银行资本充足率的平均值要大于新资本监管改革实施之前的，而小规模商业银行资本充足率的平均值在新资本监管实施后显著下降了，说明在新资本监管改革实施之后，大规模商业银行的资本水平提高了，而小规模商业银行的资本水平反而下降了。这一方面反映了新资本监管对不同规模商业银行资本充足性要求达标时间差异的影响；另一方面也从侧面表明，大规模银行在资本补充方面要比小规模银行渠道更多，而且更为容易。

此外，在控制变量方面，小规模商业银行资产扩张的速度要大于大规模商业银行。商业银行整体资产收益率的平均值在新资本监管改革实施后降低了，但大规模商业银行的资产收益率却提高了，而且大规模商业银行的资产收益率要大于小规模商业银行。不管是新资本监管改革之前还是改革之后，大规模商业银行的存贷比一直高于小规模商业银行。新资本监管改革实施后，商业银行风险提高了；虽然在新资本监管改革实施前后，大规模商业银行的不良贷款率要低于小规模商业银行的，但是大规模商业银行不良贷款率均值的增长率要大于小规模商业银行。大规模商业银行与小规模商业银行的差异性再次印证了本章的出发点，需要区分银行规模来研究资本与银行个人贷款供给行为的关系。广义货币增长率要显著大于国内生产总值的同比增长率，然而，在新资本监管改革实施之后，两者的差距缩小了。

第二节　实证结果与分析

本章采用混合回归和固定效应模型进行实证分析。鉴于固定效应模型可以有效地控制样本不随时间变化的个体效应对个人贷款的影响，能够在一定程度上降低无法观察到的个体效应可能导致的内生性问题，因此，本章以固定效应回归为基准。

一、资本与银行个人贷款供给行为的关系

方程（7.1）的估计结果如表 7.3 所示。在全样本回归中，资本充足率在混合回归与固定效应估计中的估计系数都显著为负，说明资本充足性越好的银行发放的个人贷款越少。固定效应回归的估计系数为 -0.064，表明提高 1 个单位的资本充足率，个人贷款增速将降低 6.4%。当银行的资本水平较高时，银行承受的监管压力较小，此时，银行的贷款行为受到资本水平的影响不大。个人贷款一方面由于当前信用环境较差，个人信息透明度较低，银行不能很好地甄别个人贷款者的还款能力，导致个人贷款信用风险较高；另一方面，个人贷款涉及日常生活，具有较强的时效性。与此同时，个人贷款业务需要创新，导致个人贷款的政策风险也较高；此外，个人贷款单笔金额较小，放贷操作较为烦琐，不能进行批量化放贷，操作成本较高。因此，个人贷款的风险与成本特征，造成其不受资本水平较高的银行所青睐。

表 7.3　　　　　　　资本对银行个人贷款发放行为的影响

变量	全样本 混合回归	全样本 固定效应	大规模商业银行 混合回归	大规模商业银行 固定效应	小规模商业银行 混合回归	小规模商业银行 固定效应
car	-0.087*** (0.010)	-0.064*** (0.007)	-0.095** (0.038)	-0.009 (0.029)	-0.094*** (0.012)	-0.072*** (0.008)
$size$	0.946*** (0.028)	1.176*** (0.106)	0.643*** (0.067)	2.047*** (0.182)	0.724*** (0.062)	1.060*** (0.128)
roa	0.098 (0.141)	0.383*** (0.110)	1.930*** (0.298)	0.580** (0.236)	-0.033 (0.171)	0.254* (0.130)
dir	0.017*** (0.005)	0.015*** (0.005)	0.027*** (0.007)	0.022*** (0.008)	0.015*** (0.006)	0.015** (0.006)
$risk$	-0.044 (0.050)	-0.010 (0.032)	0.606*** (0.138)	-0.207** (0.099)	-0.061 (0.059)	-0.050 (0.038)

续表

变量	全样本		大规模商业银行		小规模商业银行	
	混合回归	固定效应	混合回归	固定效应	混合回归	固定效应
$ggdp$	-0.079* (0.040)	-0.050* (0.029)	0.039 (0.057)	0.145*** (0.048)	-0.104** (0.049)	-0.072** (0.035)
$gm2$	0.001 (0.015)	-0.012 (0.008)	-0.092*** (0.021)	-0.008 (0.014)	0.002 (0.018)	-0.005 (0.010)
常数项	-0.978 (0.845)	-7.614** (3.176)	5.012*** (1.697)	-35.740*** (5.831)	5.157*** (1.757)	-4.123 (3.728)
R^2	0.791	0.710	0.834	0.823	0.458	0.699

注：括号内为回归的标准差；*、**和***分别表示在10%、5%和1%显著性水平上显著；检验为相应的P值。

在以大型和股份制商业银行为代表的大规模商业银行分组中，资本充足率的估计系数为负，但只在混合回归中是统计上显著的。因此，资本对这类银行个人贷款供给行为的影响在整个样本区间内可能有一定的抑制作用。这可能是因为在新资本监管改革实施后，个人贷款风险权重系数降低，大规模商业银行资本与个人贷款供给行为的关系发生了变化，导致在整个样本时间段内两者关系不一致。

在以城市和农村商业银行为代表的小规模商业银行分组中，资本充足率的估计系数在混合回归和固定效应回归中都显著为负，且系数的绝对值要大于全样本的结果，表明当小规模商业银行的资本充足率水平较高时，其紧缩个人贷款的力度更大。与大规模商业银行相比，小规模商业银行的个人贷款所占比例更大，人力资源却相对匮乏，而且技术水平较低。一方面由于个人贷款需要投入较多人力资源，而在小规模商业银行技术水平更为落后的前提下，成功发放一笔个人贷款所消耗的人力要大于大规模商业银行。因此，对于小规模商业银行来说，发放个人贷款的成本更高。另一方面，小规模商业银行资本水平对其风险的抑制作用更大，然而，个人贷款在信用环境较差的情况下，贷款主体信息透明度较低，具有较高的违约风险。再者，小规模商业银行与大规模商业银行相比，创新程度不足，而且抗击风险的能力较差，在不受资本充足性约束的前提下，小规模商业银行对具有较高政策风险的个人贷款的偏好也就较低。

在控制变量方面：银行资产规模的估计系数显著为正，且在大规模商业银行分组中的系数最大，说明大规模商业银行发放个人贷款的规模优势更为明显。一方面大规模商业银行可以凭借其资金实力与先进技术，有效地防控个人贷款风险；另一方面可以通过多元化的交易型贷款技术，创造交易型贷款的规模经济和范围经济效应，从而有效服务于个人融资需求。银行盈利能力的估计系数为正，并且在大规模商业银行分组中的系数也较大，表明盈利能力较好的银行，发放的个人贷款也较多，而大规模商业银行盈利能力与其个人贷款的正相关性更强。存贷比的估计系数与个人贷款正相关，也就是说流动性相对不足的银行发放的个人贷款更多，同样，这种现象在大规模商业银行中更为突出。不良贷款率在大规模商业银行分组中的估计系数显著为负，说明在大规模商业银行中，银行风险与个人贷款显著负相关，意味着当大规模商业银行的信用风险较大时，会选择缩减个人贷款。此外，在宏观经济方面，大规模商业银行的个人贷款具有显著的顺周期特征，而小规模商业银行个人贷款的逆周期效应明显。

二、新资本监管政策实施对银行个人贷款供给行为的影响

方程（7.2）的估计结果如表 7.4 所示，不管是混合回归还是固定效应估计，在全样本回归中交互项的估计系数在 1% 水平上显著为正，说明了新资本监管给予个人贷款风险权重系数优惠的改革能够显著促进银行发放个人贷款。以固定效应估计为基准，全样本回归中交互项的估计系数为 0.591，表明新资本监管给予个人贷款风险权重系数优惠后，个人贷款增速比没有受到权重系数优惠的大中企业贷款提高了 59.1%，意味着新资本监管中对个人贷款的风险权重系数优惠在激励银行发放个人贷款方面起到了积极的作用。新资本监管框架对银行资本的质和量都提出了更为严格的要求，银行为满足

新资本监管框架要求,减轻监管压力,会倾向于消耗资本较少的贷款项目。虽然个人贷款由于当前信用环境较差,贷款主体信息透明度较低,而且放贷操作成本较高,但是个人贷款风险权重系数在新资本监管框架中有所降低,从而资本消耗较少。同时,近几年鼓励消费的外部经济环境也降低了个人贷款的政策风险,再加上互联网金融崛起与发展,大数据与云计算技术的应用,进一步降低了银行与个人贷款主体之间的信息不对称。因此,在新资本监管改革实施后,商业银行个人贷款增速提高了。

表7.4　　新资本监管政策实施对银行个人贷款供给行为的影响

变量	全样本 混合回归	全样本 固定效应	大规模商业银行 混合回归	大规模商业银行 固定效应	小规模商业银行 混合回归	小规模商业银行 固定效应
G	-1.807*** (0.086)	-1.867*** (0.075)	-1.875*** (0.102)	-1.875*** (0.089)	-1.782*** (0.109)	-1.864*** (0.097)
D	-0.205* (0.112)	-0.201** (0.102)	-0.353*** (0.133)	-0.337** (0.130)	-0.160 (0.141)	-0.170 (0.130)
$G \times D$	0.544*** (0.125)	0.591*** (0.107)	0.630*** (0.139)	0.630*** (0.121)	0.510*** (0.162)	0.572*** (0.141)
car	-0.034*** (0.008)	-0.026** (0.010)	-0.030 (0.033)	0.007 (0.042)	-0.034*** (0.009)	-0.028** (0.012)
$size$	1.032*** (0.021)	0.915*** (0.160)	0.821*** (0.059)	1.139*** (0.294)	0.983*** (0.046)	0.910*** (0.194)
roa	0.064 (0.101)	0.348** (0.158)	0.985*** (0.262)	0.399 (0.344)	0.026 (0.123)	0.313* (0.187)
dir	0.016*** (0.004)	0.008 (0.007)	0.014** (0.006)	0.013 (0.012)	0.015*** (0.004)	0.007 (0.008)
$risk$	0.035 (0.040)	0.014 (0.051)	0.349*** (0.122)	-2.53×10^{-6} (0.146)	0.027 (0.047)	0.001 (0.060)
$ggdp$	0.035 (0.037)	0.020 (0.043)	0.071 (0.057)	0.049 (0.069)	0.035 (0.044)	0.023 (0.052)

续表

变量	全样本 混合回归	全样本 固定效应	大规模商业银行 混合回归	大规模商业银行 固定效应	小规模商业银行 混合回归	小规模商业银行 固定效应
$gm2$	0.015 (0.012)	0.007 (0.013)	−0.041** (0.019)	−0.0049 (0.0205)	0.0216 (0.0152)	0.012 (0.016)
常数项	−3.476*** (0.705)	−0.007 (4.669)	2.069 (1.527)	−6.855 (9.318)	−2.232* (1.339)	−0.024 (5.478)
R^2	0.863	0.637	0.902	0.839	0.656	0.590

注：括号内为回归的标准差；*、**和***分别表示在10%、5%和1%显著性水平上显著；检验为相应的P值。

交互项的估计系数在大规模商业银行分组中要大于全样本的估计结果，而在小规模商业银行分组中要小于全样本的估计结果，也就说个人贷款的风险权重系数优惠的改革对大规模商业银行发放个人贷款促进作用的力度更大。由于新资本监管对不同规模商业银行达标期限要求有所差别，与小规模商业银行相比，大规模商业银行资本达标要求时间更短，大规模商业银行受到资本充足性约束更大，其业务转型，向轻资本模式发展也更为紧迫，所以会对个人贷款这类资本消耗较低贷款的偏好增强。此外，大规模商业银行比小规模商业银行在资金与技术实力上更具优势，一方面可以广泛结合互联网金融，通过大数据与云计算技术，降低个人贷款的信息不对称；另一方面，可以通过多元化的交易型贷款技术，创造交易型贷款的规模经济和范围经济效应，降低个人贷款的操作成本。同时，大规模商业银行风险管理能力也优于小规模商业银行，可以在风险可控的前提下进行积极地业务创新，能够更好地满足个人客户的个性化需求。因此，具备低成本轻资本特征的个人贷款，成为承受资本充足性约束更紧迫的大规模银行转型发展重要的业务领域。

三、新资本监管框架下资本对银行个人贷款供给行为的影响

方程（7.3）的估计结果如表7.5所示，在全样本的混合回归和固定效

应回归结果中，资本充足率及其与分组和时间段的虚拟变量的交互项在统计上都是显著的。首先，资本充足率与分组虚拟变量交互项的估计系数显著为负，说明在实施新资本监管之前，资本充足率与个人贷款负相关，也就是说银行的资本水平越高，发放的个人贷款越少。其次，资本充足率与分组和分时间段的虚拟变量两者交互项的估计系数显著为正，说明在新资本监管框架对个人贷款给予风险权重系数优惠政策实施之后，资本充足率对银行发放个人贷款起到了积极的促进作用。这与前面的结论相呼应，在新资本监管框架实施之前，个人贷款人力资源消耗大，政策风险较大，且放贷操作成本较高，而资本水平较高的银行，受到资本充足性约束较小，更偏好成本小、可批量化放贷，信息较为透明的贷款，从而对个人贷款的发放意愿不强。然而，在新资本监管框架实施之后，个人贷款风险权重系数降低，其对银行资本的消耗也相应降低，再加上新资本监管框架对资本的质和量都提出了更高的要求，在资本充足性要求的压力下，银行更偏好低资本消耗的贷款；而且随着互联网金融发展，大数据等技术的应用，个人贷款主体的信息透明度提高，放贷操作逐渐走向系统化与批量化，降低了人力与操作成本。因此，资本水平高的银行在风险与成本相对可控，同时可以降低资本消耗的驱动下，更愿意发放个人贷款。

表7.5　　新资本监管框架下资本与银行个人贷款供给行为的关系

变量	全样本		大规模商业银行		小规模商业银行	
	混合回归	固定效应	混合回归	固定效应	混合回归	固定效应
$car \times G$	-0.128 *** (0.006)	-0.131 *** (0.005)	-0.160 *** (0.009)	-0.160 *** (0.008)	-0.122 *** (0.007)	-0.125 *** (0.006)
$car \times D$	-0.013 * (0.008)	-0.010 (0.007)	-0.032 *** (0.011)	-0.030 *** (0.011)	-0.010 (0.009)	-0.007 (0.009)
$car \times G \times D$	0.030 *** (0.009)	0.033 *** (0.008)	0.056 *** (0.012)	0.056 *** (0.010)	0.026 ** (0.011)	0.029 *** (0.010)

续表

变量	全样本 混合回归	全样本 固定效应	大规模商业银行 混合回归	大规模商业银行 固定效应	小规模商业银行 混合回归	小规模商业银行 固定效应
car	0.027*** (0.009)	0.035*** (0.011)	0.053 (0.034)	0.089** (0.042)	0.022** (0.010)	0.029** (0.012)
size	1.031*** (0.021)	0.878*** (0.157)	0.821*** (0.060)	1.148*** (0.291)	0.976*** (0.045)	0.869*** (0.189)
roa	0.043 (0.100)	0.332** (0.156)	0.985*** (0.263)	0.404 (0.347)	0.004 (0.121)	0.289 (0.184)
dir	0.016*** (0.003)	0.006 (0.007)	0.014** (0.006)	0.014 (0.012)	0.015*** (0.004)	0.005 (0.008)
risk	0.037 (0.039)	0.013 (0.050)	0.350*** (0.123)	0.003 (0.147)	0.028 (0.046)	−0.003 (0.059)
ggdp	0.028 (0.035)	0.012 (0.042)	0.069 (0.057)	0.049 (0.070)	0.027 (0.042)	0.014 (0.051)
gm2	0.014 (0.012)	0.006 (0.013)	−0.041** (0.019)	−0.005 (0.021)	0.020 (0.015)	0.012 (0.016)
常数项	−4.142*** (0.683)	0.320 (4.631)	1.100 (1.509)	−8.101 (9.304)	−2.753** (1.313)	0.414 (5.384)
R^2	0.866	0.643	0.901	0.837	0.667	0.603

注：括号内为回归的标准差；*、**和***分别表示在10%、5%和1%显著性水平上显著；检验为相应的P值。

在不同规模商业银行分组回归中，混合回归和固定效应回归的结果系数正负方向一致，系数大小有略微差别，本章仍以固定效应模型结果为基准。对大规模商业银行来说，在新资本监管实施之前，资本充足率与个人贷款显著负相关，也就说资本水平高的大规模商业银行不愿意发放个人贷款；当然，此时资本水平较高的小规模商业银行发放的个人贷款也较少，但是银行资本对个人贷款的抑制作用要小于大规模商业银行。这一方面再次印证了在新资本监管框架实施之前，资本水平越高的银行发放的个人贷款越少；另一方面也说明与小规模商业银行相比，资本水平高的大规模商业银行对个人贷款的偏好更低，这主要是因为与小规模商业银行相比，大规模商业银行更偏重于信息更为完善透明、可批量化放贷的贷款,而此时,个人贷款相对来说贷款额度较小,而且政策风险与人力资源消耗较大,收益与成本和风险的不对称性,导致其更不受资本好的大规模商业银行所青睐。然而,在新资本监管框架实施后,在不同规模商业银行分组中,资本充足率都与个人贷款正相关,这再一次说明给予个人贷款优惠的风险权重系数,资本水平较高银行发放个人贷款的倾向增强;与此同时,大规模商业银行分组中的估计系数更大,表明资本水平高的大规模商业银行的个人贷款增速更快。新资本监管改革实施之后,大规模商业银行贷款偏好发生变化,这一方面源于新资本监管改革要求大规模商业银行资本水平达标时间更为紧急,导致大规模商业银行比小规模商业银行转向轻资本业务发展在时间上更为紧迫;另一方面由于近几年互联网金融高速发展,大规模银行在高新技术应用方面更具优势,个人贷款的信息透明度提升,放贷逐步走向批量化,风险与成本得到合理控制,而新资本监管对银行资本质与量提出更高要求,大规模商业银行资本充足性约束紧迫的情况下,个人贷款低资本消耗、低风险、低成本的特征,成为大规模商业银行转型发展拓展业务新的"蓝海"。

四、稳健性分析

为了确保本章模型的稳健性,我们选用核心资本充足率来衡量银行资本,再一次对方程(7.1)和方程(7.3)进行回归,结果见表7.6~表7.8。

表7.6　　新资本监管政策实施对银行个人贷款供给行为的影响

变量	全样本		大规模商业银行		小规模商业银行	
	混合回归	固定效应	混合回归	固定效应	混合回归	固定效应
$ccar$	-0.077*** (0.010)	-0.062*** (0.007)	-0.038 (0.036)	0.034 (0.029)	-0.086*** (0.012)	-0.072*** (0.008)
$size$	0.941*** (0.029)	1.183*** (0.107)	0.609*** (0.0675)	2.025*** (0.182)	0.719*** (0.064)	1.050*** (0.130)

续表

变量	全样本 混合回归	全样本 固定效应	大规模商业银行 混合回归	大规模商业银行 固定效应	小规模商业银行 混合回归	小规模商业银行 固定效应
roa	0.0783 (0.144)	0.391 *** (0.112)	1.902 *** (0.302)	0.602 ** (0.236)	−0.060 (0.175)	0.261 ** (0.131)
dir	0.015 *** (0.005)	0.015 *** (0.005)	0.027 *** (0.007)	0.022 *** (0.008)	0.013 ** (0.006)	0.015 ** (0.006)
$risk$	−0.026 (0.051)	0.017 (0.032)	0.666 *** (0.138)	−0.177 * (0.099)	−0.045 (0.060)	−0.025 (0.038)
$ggdp$	−0.070 * (0.041)	−0.046 (0.029)	0.050 (0.058)	0.149 *** (0.047)	−0.094 * (0.049)	−0.071 ** (0.035)
$gm2$	−0.001 (0.015)	−0.013 (0.008)	−0.092 *** (0.022)	−0.005 (0.014)	−3.56×10⁻⁵ (0.018)	−0.007 (0.010)
常数项	−1.082 (0.878)	−8.036 ** (3.216)	5.071 *** (1.722)	−35.620 *** (5.802)	5.099 *** (1.815)	−4.035 (3.773)
R^2	0.787	0.706	0.829	0.825	0.447	0.698

注：括号内为回归的标准差；*、** 和 *** 分别表示在 10%、5% 和 1% 显著性水平上显著；检验为相应的 P 值。

表 7.7　新资本监管政策实施对银行个人贷款供给行为的影响

变量	全样本 混合回归	全样本 固定效应	大规模商业银行 混合回归	大规模商业银行 固定效应	小规模商业银行 混合回归	小规模商业银行 固定效应
G	−1.841 *** (0.086)	−1.882 *** (0.075)	−1.875 *** (0.106)	−1.875 *** (0.089)	−1.823 *** (0.107)	−1.884 *** (0.095)
D	−0.134 (0.111)	−0.108 (0.097)	−0.255 * (0.138)	−0.213 * (0.121)	−0.113 (0.142)	−0.076 (0.127)
$G*D$	0.551 *** (0.127)	0.589 *** (0.108)	0.630 *** (0.145)	0.630 *** (0.122)	0.515 *** (0.163)	0.566 *** (0.142)
$ccar$	−0.047 *** (0.011)	−0.029 ** (0.012)	−0.029 (0.036)	0.032 (0.048)	−0.051 *** (0.012)	−0.031 ** (0.014)

续表

变量	全样本 混合回归	全样本 固定效应	大规模商业银行 混合回归	大规模商业银行 固定效应	小规模商业银行 混合回归	小规模商业银行 固定效应
$size$	1.037*** (0.022)	0.800*** (0.155)	1.041*** (0.042)	0.898*** (0.266)	0.965*** (0.046)	0.798*** (0.186)
roa	-0.005 (0.041)	0.003 (0.041)	-0.001 (0.027)	-0.004 (0.024)	-0.073 (0.125)	0.068 (0.181)
dir	0.017*** (0.003)	-0.004 (0.007)	0.010 (0.007)	-0.004 (0.011)	0.017*** (0.004)	-0.004 (0.009)
$risk$	0.048 (0.033)	-0.00952 (0.039)	0.0451 (0.059)	-0.000852 (0.063)	0.050 (0.039)	-0.004 (0.047)
$ggdp$	0.018* (0.010)	0.004 (0.011)	-0.023 (0.019)	-0.010 (0.018)	0.019 (0.013)	0.007 (0.013)
$gm2$	-3.860*** (0.697)	4.231 (4.615)	-2.948** (1.298)	1.805 (8.416)	-1.971 (1.348)	3.808 (5.371)
常数项	-3.476*** (0.705)	-0.007 (4.669)	2.069 (1.527)	-6.855 (9.318)	-2.232* (1.339)	-0.024 (5.478)
R^2	0.858	0.634	0.892	0.837	0.647	0.591

注：括号内为回归的标准差；*、**和***分别表示在10%、5%和1%显著性水平上显著；检验为相应的P值。

表7.8 新资本监管框架下资本与银行个人贷款供给行为的关系

变量	全样本 混合回归	全样本 固定效应	大规模商业银行 混合回归	大规模商业银行 固定效应	小规模商业银行 混合回归	小规模商业银行 固定效应
$ccar \times G$	-0.144*** (0.007)	-0.147*** (0.006)	-0.209*** (0.012)	-0.209*** (0.011)	-0.135*** (0.008)	-0.138*** (0.007)
$ccar \times D$	-0.012 (0.009)	-0.008 (0.009)	-0.044*** (0.015)	-0.041*** (0.014)	-0.008 (0.011)	-0.005 (0.010)
$ccar \times G \times D$	0.029*** (0.011)	0.031*** (0.010)	0.074*** (0.016)	0.074*** (0.014)	0.026* (0.013)	0.028** (0.012)

续表

变量	全样本 混合回归	全样本 固定效应	大规模商业银行 混合回归	大规模商业银行 固定效应	小规模商业银行 混合回归	小规模商业银行 固定效应
ccar	0.037*** (0.009)	0.045*** (0.011)	0.101*** (0.033)	0.135*** (0.045)	0.0303*** (0.010)	0.0372*** (0.013)
size	1.028*** (0.022)	0.886*** (0.165)	0.808*** (0.0605)	1.136*** (0.304)	0.974*** (0.0468)	0.869*** (0.197)
roa	0.033 (0.104)	0.345** (0.163)	0.974*** (0.271)	0.425 (0.362)	−0.007 (0.125)	0.299 (0.191)
dir	0.015*** (0.004)	0.005 (0.007)	0.015** (0.006)	0.014 (0.013)	0.014*** (0.004)	0.004 (0.009)
risk	0.044 (0.040)	0.022 (0.051)	0.376*** (0.125)	0.020 (0.153)	0.033 (0.047)	0.005 (0.059)
ggdp	0.032 (0.036)	0.019 (0.044)	0.069 (0.058)	0.050 (0.072)	0.033 (0.043)	0.022 (0.053)
gm2	0.013 (0.013)	0.006 (0.013)	−0.041** (0.020)	−0.003 (0.022)	0.020 (0.015)	0.012 (0.016)
常数项	−4.157*** (0.727)	−0.016 (4.846)	1.150 (1.556)	−8.006 (9.626)	−2.782** (1.380)	0.285 (5.599)
R^2	0.860	0.619	0.895	0.823	0.656	0.584

注：括号内为回归的标准差；*、** 和 *** 分别表示在 10%、5% 和 1% 显著性水平上显著；检验为相应的 P 值。

对比表 7.3 与表 7.6，表 7.4 和表 7.7，表 7.5 和表 7.8，可以看出采用核心资本充足率来衡量银行资本水平与用资本充足率来衡量相比，模型估计结果系数大小略有差别，但系数符号及大小关系基本一致，说明本章模型具有良好的稳健性。

第七章 | 资本对银行普惠金融贷款发放行为的影响

本 章 小 结

在当前经济结构调整转型的大背景下,构建普惠金融体系,一方面可以助力经济发展,另一方面可以提升居民幸福感。本章以个人贷款为例,从银行资本的角度,探讨了资本对银行个人贷款供给行为的影响。本章运用2007~2015年62家商业银行的数据,以实施的个人贷款风险权重系数优惠政策为切入点,改革前后可以视为"准自然实验",构建双重差分模型,深入研究了资本与银行个人贷款供给行为的关系。结果表明:(1)资本充足性越好的银行发放的个人贷款越少,并且小规模商业银行紧缩个人贷款的力度更大。(2)新资本监管给予个人贷款风险权重系数优惠的改革能够显著促进银行发放个人贷款,这种促进作用在大规模商业银行中更为显著。(3)在实施新资本监管之前,资本与个人贷款负相关,然而在改革实施之后,资本能够激励银行发放个人贷款。(4)在新资本监管实施之前,资本水平较高的大规模商业银行缩减个人贷款的力度要比小规模商业银行大;然而,在改革实施之后,资本水平较高的大规模商业银行与小规模商业银行相比,个人贷款增速更快。

本章的研究结论具有深刻的政策内涵与启示。具体来说,首先继续执行个人贷款风险权重系数优惠政策。根据本章的研究结论,个人贷款风险权重系数优惠的政策,能够激励银行发放个人贷款,满足个人金融需求,提高资源配置效率与居民幸福感,助力普惠金融发展。其次,继续提高银行的资本水平。虽然在新资本监管实施之前,资本水平的提高可以降低银行风险偏好,进而缩减个人贷款,但是在改革实施之后,资本水平可以显著促进银行发放个人贷款。因此,应该严格资本定义,贯彻实施核心一级资本、其他一级资本以及二级资本的规定,对银行形成资本的刚性约束,倒逼银行提高资本配置效率,节约资本使用,从而转向降低资本消耗的发展模式,促进个人贷款的发放,满足个人融资需求。再其次,银行需要适度与互联网金融相结合,积极运用大数据与云计算技术,一方面减轻银行与个人贷款者之间的信息不对称问题，另一方面努力实现个人贷款批量化与标准化放贷，节约人工人本。最后，构建多层次的银行服务体系。鼓励大规模商业银行与小规模商业银行理性竞争，大规模商业银行凭借资金与技术实力，实现个人贷款审批的批量化操作；而小规模商业银行可以提供个性化的人工服务，推出更多特色产品以满足不同消费者的个性需求。鼓励大规模商业银行实行与小规模商业银行实行差异化个人贷款信贷模式，共同为个人提供信贷服务，提高居民生活质量水平，进而提高居民幸福感，担负起普惠金融的使命。

| 第八章 |
结论与启示

第一节 主要研究结论

本书在新资本监管改革对银行资本的质与量都提出更高要求,经济结构进入转型发展的关键时期,普惠金融体系逐步走上历史舞台的大背景下,深入探讨了资本对银行风险承担与贷款行为的影响,从而为新资本监管改革的有效性提供了实证支持。具体而言,首先,本书从两个层面探究了资本与银行风险承担行为的关系,一是资本与银行风险承担行为直接关系及银行监督努力的中介作用;二是从监管效力的角度,通过衡量资本监管政策的作用,侧面反映资本对银行风险承担行为的影响。然后,本书分别从银行贷款总额、贷款结构以及典型行业贷款三个方面,全面深刻剖析了资本在银行贷款行为中的重要作用。最后,本书从普惠金融的视角切入,探究了新资本监管给予小微企业贷款和个人贷款风险权重系数优惠的改革对资本与银行贷款行为关系的影响。本书不仅拓展了已有资本与银行风险承担与贷款行为关系的研究领域,而且为新资本监管改革差异化资本要求对银行风险承担与贷款行为异质性影响做了初步的尝试性探索,得出了如下相关结论:

第一,资本对银行风险承担行为的直接影响效应。本书研究发现,资本与银行风险承担行为并不是简单的正向或者负向的线性关系，而是呈 U 型关系。也就是说，在资本水平临界值左边，约束道德风险和降低风险偏好机制占优，资本与银行风险承担负相关；随着资本水平的提高，资本缓冲机制和经营杠杆压力逐渐增强，超过临界值后，资本与银行风险承担正相关。相对于适度资本水平的银行，过低和过高资本水平的银行风险承担更大。

第二，在新资本监管过渡时期，资本与银行风险承担行为的 U 型关系与之前的有两点差别，一是在 U 型两侧，资本水平变化对银行风险承担的影响程度增大；二是 U 型关系的谷底点所处的资本水平有所提高。这主要是因为一方面新资本监管框架对资本的品质提出了更高的要求，使得与之前的计量方式相比较，资本充足率提高的边际成本上升，从而当其未达到谷底点时，对银行风险承担行为的约束作用更大，而当其超过谷底点时，银行资本优势则更为明显，从而冒险动机增强；另一方面由于新资本监管框架对资本的数量要求增加，再加上逆周期资本缓冲计提的要求，一定程度上会提高银行持有的资本缓冲，从而提高了资本与银行风险承担行为 U 型关系谷底点的水平。

第三，银行监督努力对资本与银行风险承担行为的 U 型关系具有中介效应，即资本通过银行监督努力的倒 U 型曲线效应影响银行监督努力，进而影响了银行的风险承担行为，促成了资本与银行风险承担行为的 U 型关系。而且，在新资本监管过渡时期资本与银行监督努力倒 U 型关系两侧，资本对银行监督努力的作用力度增强，同时，银行监督努力对资本与银行风险承担行为关系的中介效应增强，这导致了在 U 型关系两侧，资本对银行风险承担行为的影响增大。

第四，资本对银行风险承担行为影响的间接作用效力。本书从资本监管效力视角，实证结果表明当资本充足率或核心资本充足率超过其断点时，银行风险承担会显著降低，意味着不管是资本充足率监管还是核心资本充足率监管，都能有效约束银行的风险承担行为，而且，核心资本充足率监管在降低银行风险承担上的作用力度要比资本充足率监管要大。这主要是因为核心资本充足率监管中的资本不包含次级债，是对银行资本更为严格的要求。当核心资本充足率低于门槛值时,由于银行不能凭借发行次级债来及时补充核心资本,导致与其他资本比较,核心资本的补充更为困难。因此,核心资本充足率监管给银行施加的监管压力更大,从而在约束银行风险承担行为上也更为有效。

第五,新资本监管改革一方面对传统的风险加权资本比率中资本构成及风险权重提出更为严格的要求;另一方面引入了不考虑风险因素的杠杆率监管,而这也使得不同监管工具对银行风险承担行为的约束效力发生了变化。具体表现为,与之前的资本监管相比,新资本监管中资本充足率与核心资本充足率监管在降低银行风险承担上的作用力度减弱了。这一方面由于2011年至今银行资本水平一直居于高位,从而受到监管部门的监管压力较小;另一方面,随着利率市场化改革逐步深入推进,银行利差收入减少,银行被迫转型升级,创新工具应用增多,再加上近几年影子银行规模不断扩大,这些都使银行在一定程度上规避了传统的风险加权资本比率监管的约束。然而,杠杆率监管能够起到很好的补充作用,防止银行过度的风险承担。对于杠杆率监管来说,银行杠杆率中的资产不需要风险加权,其可调节的空间较小,而从2013年开始,影子银行业务迅速崛起,银行表外业务占总资产的比重逐渐升高,此时,不考虑风险加权因素的杠杆率监管可以较好地限制银行过度创新与表外风险业务,从而能够更好地约束银行的风险承担行为。

第六,资本对银行贷款总额发放行为的影响。由于不同监管工具计量差异及不同资本监管时期资本要求的不同,资本与银行贷款总额发放行为的关系会有所差异。一是资本充足率的作用。资本充足率因资本计项里包含次级债,银行面临展期压力,从而会抑制银行贷款发放;特别是在金融危机时期,紧缩贷款的效应更为显著;但是,新资本监管框架提高了资本充足率中资本计项的质量,资本充足率对贷款紧缩作用的力度降低。二是核心资本充足率的影响。与资本充足率不同,核心资本充足率则可以抵御银行破产风险,对贷款发放具有激励的作用,且在金融危机时期,对贷款增速的促进作用更为显著;然而,同资本充足率一致,在新资本监管预期时期,核心资本充足率激励银行发放贷款的作用力度降低了。三是新资本监管工具杠杆率与银行贷款总额发放行为的关系。杠杆率作为微观审慎监管的工具，在新资本监管预期时期，才真正提高了银行发放贷款的审慎程度。

第七，资本除了对贷款总额有显著影响外，对贷款结构也因公司贷款与个人贷款的特征差异而有所差别。同对贷款总额增速的影响一致，资本充足率对公司贷款和个人贷款增速均有不同程度的抑制作用，尤其是个人贷款，其增速下降更多，这源于个人贷款受到风险权重系数优惠的影响，而且其对资本充足率的敏感性在新资本监管预期时期增强。当然，这也进一步导致核心资本充足率对个人贷款增速的促进作用也更为明显。在微观审慎监管工具杠杆率方面，杠杆率可以有效地支持银行在金融危机时期发放公司贷款，助力经济复苏，发挥微观审慎功能。

第八，作为传统行业代表的制造业以及国民经济发展支柱的房地产业，这两类典型行业贷款因其风险以及消耗资本特性的不同，对资本水平的反映程度也有所差别。核心资本充足率抑制了银行发放房地产业贷款，特别是在金融危机时期，房地产业贷款不良贷款率高于平均不良贷款率，这使得核心资本充足率对房地产业贷款的抑制作用更为显著。与房地产业贷款性质不同，核心资本充足率可以促进银行发放制造业贷款，但是由于在金融危机以及新资本监管预期时期制造业贷款居高不下的不良贷款率，造成这一促进作用有所减弱。在实施杠杆率监管之前，杠杆率没有起到微观审慎，降低房地产业贷款增速的作用；然而，在新资本监管预期时期，杠杆率对银行房地产业贷款增速的促进作用不再显著，侧面反映出杠杆率监管逐渐发挥了抑制房地产业贷款的作用。与之不同，当银行的杠杆率较高时，制造业贷款增速反而更低，而这种抑制作用在新资本监管预期时期得到了有效的缓解。

第九，新资本监管为了鼓励银行发放小微企业贷款，在计算风险加权资本比率时，给予小微企业贷款优惠的风险权重系数，这一改革能够显著促进银行发放小微企业贷款，而且这种促进作用在小规模商业银行中更为显著。这种现象可以从小微企业贷款占据不同规模商业银行贷款总额比例差异、两者风险敏感程度以及补充资本的难易程度上来解释。首先，小规模商业银行中小微企业贷款占贷款总额的比例要显著大于大规模商业银行，这也决定了在小微企业贷款风险权重系数优惠政策实施后，小规模商业银行小微企业贷款增速提高更多。其次，小规模商业银行对风险的敏感性要比大规模商业银行更强，因此，小微企业贷款降低风险权重系数对风险更为敏感的小规模商业银行影响较大。再者，与大规模商业银行相比，小规模商业银行补充资本金的渠道相对狭窄，在小微企业贷款风险权重系数得到优惠的同时，新资本监管也对银行整体资本的质与量提出了更高的要求，小规模商业银行为了达到新的要求，对占据风险权重系数较小的小微企业贷款的发放会在一定程度上增加。

第十，新资本监管给予小微企业贷款优惠的风险权重的改革对资本与小微企业贷款关系的影响：在新资本监管改革实施之前，资本充足率与银行小微企业贷款负相关，但是在改革实施之后，资本充足率对银行小微企业贷款起到了积极的促进作用；而且，这一变化也有明显的规模差异。具体表现为，在新资本监管改革实施之前，资本好的大规模商业银行缩减小微企业贷款的力度要比小规模商业银行大；然而，在改革实施之后，资本水平较高的大规模商业银行与小规模商业银行相比，小微企业贷款增速更快。这一方面源于新资本监管改革要求大规模商业银行资本水平的达标时间更为紧急，导致大规模商业银行比小规模商业银行走轻资本转型发展的道路在时间上更为紧迫。另一方面由于小微企业贷款在大数据等高新技术的应用下，风险得到合理控制；同时，小微企业贷款的利率往往较高，在利率市场化进程不断深入、银行利差缩减的情况下，小微企业贷款高收益低风险的特征，成为大规模商业银行转型发展拓展业务新的"蓝海"。

本书同样考察了新资本监管改革给予普惠金融贷款里的个人贷款较低的风险权重系数，而这一改革与对小微企业贷款的影响一致，显著促进银行发放个人贷款；然而，个人贷款又与小微企业贷款存在性质上的差异，导致这种促进作用在大规模商业银行中更为显著。与此同时，在新资本监管实施之前，资本好的大规模商业银行缩减个人贷款的力度要比小规模商业银行大。而在改革实施之后，资本水平较高的大规模商业银行与小规模商业银行相比，个人贷款增速更快。这也是因为新资本监管改革对于不同规模银行资本水平达标期限要求存在差别，大规模商业银行比小规模商业银行走轻资本转型发展的道路在时间上更为紧迫。与此同时，在互联网金融高速发展的背景下，大规模银行在高新技术应用方面更具优势，个人贷款的信息透明度得到显著提升，放贷逐步走向批量化。因此，个人贷款的风险与成本得到合理控制。随着新资本监管逐步实施，新资本监管对银行资本质与量都提出了更高的要求，在大规模商业银行资本充足性约束更为紧迫的情况下，个人贷款低资本消耗、低风险、低成本的特征，从而备受大规模商业银行所青睐。

综上所述，本书对资本与银行风险承担和贷款行为的关系做了较为详细的研究。关于资本与银行风险承担行为的关系，从直接和间接两方面进行探讨，并且在直接效应测度中深入分析了银行监督努力的中介作用，同时对不同监管时期的作用效果进行了对比分析。关于资本与银行贷款行为的关系，一方面从贷款总额、贷款结构、典型行业贷款三个层面出发，并重点分析了在金融危机时期以及新资本监管改革时期，不同监管工具作用的差异；另一方面立足于普惠金融，从新资本监管给予普惠金融贷款相应的风险权重系数优惠出发，测度了资本对银行普惠金融贷款发放行为的影响。从多维度论证了资本在约束银行过度风险承担行为、优化银行贷款行为上的作用，为新资本监管改革维持金融系统稳定，促进经济结构调整的有效性提供有力的实证支持。

第二节 研究启示

本书的研究结论具有深刻的政策内涵与启示。具体如下：

第一，本书的研究为银行监管部门辩证地认识资本水平在银行风险承担上的作用提供了新的理念。新资本监管对银行最低监管资本要求在量上有所提高，再加上逆周期资本缓冲计提的影响，银行受到的资本充足性要求提高了，然而这并不意味着银行的风险承担随之降低。因为根据本书的研究，银行资本水平过高或过低，都不利于降低银行的风险承担，维护金融体系的稳定。所以,银行监管部门在侦查银行资本水平时,不能盲目认为资本充足率以及核心资本充足率越高的银行其风险承担越小,而是要求银行资本保持适度水平。对于资本水平过高或者过低的银行,需要进行区别引导。对于资本水平较低的银行,监管当局需要敦促其提高资本水平,适当施加压力,比如限制其某些经营权利,给予合适的达标期限;与之不同,对于资本水平过高的银行,需要加以引导,激励其适度规模扩张,但是需重点核查其高风险项目的参与度,降低资本缓冲的负面效应。

第二,本书的研究对于银行监督部门继续沿用以风险为基础的资本比率监管提供了新的实证依据。一方面,虽然传统的以风险加权资产为基础的资本充足率以及核心资本充足率监管在降低银行风险承担上的效力减弱了。但是不应该忽视其在提高银行业金融机构抵御风险能力上的作用。另一方面,虽然传统的以风险加权资产为基础的资本充足率以及核心资本充足率对银行贷款总额以及贷款结构和典型行业贷款的影响不尽相同,而且作用力度在新资本监管框架下有所减弱,但是不应该忽视其在约束(激励)银行贷款总额发放,尤其是在金融危机时期,提高银行风险敏感性,优化贷款结构,影响典型行业贷款,助力经济结构调整的相互牵制的作用。因此,需要从资本构成的角度,严格资本定义,贯彻实施核心一级资本、其他一级资本以及二级资本的规定,一方面通过提升资本对风险的吸收能力,进而提高金融机构抵御风险的能力;另一方面对银行形成资本的刚性约束,倒逼银行提高资本配置效率,节约资本使用,从而转向低资本消耗的发展模式,不仅要对银行发放贷款总量产生有利影响,更重要的是调整银行贷款结构,优化行业贷款资源配置。

第三,本书的研究为鼓励银行积极参与到普惠金融建设提供了新的思路。普惠金融的实质是指力图通过发展小额信贷和微型金融等模式来扩展现有金融服务的覆盖范围,尽可能为全社会所有阶层和群体提供合理、便捷、安全的金融服务,以支持实体经济发展和消除不平等。小微企业融资难问题一直是各国政府所关注和亟待解决的问题,同时,个人金融的普适性也与普惠金融建设不谋而合。根据本书的研究结论,给予小微企业贷款和个人贷款优惠的风险权重系数,可以有效地激励银行发放小微企业贷款和个人贷款,支持经济中的薄弱环节。虽然在新资本监管实施之前,资本水平的提高可以降低银行的风险偏好,进而缩减小微企业贷款和个人贷款,但是在改革实施之后,资本水平可以显著地促进银行发放小微企业贷款和个人贷款。这与前面的启示不谋而合,对于银行资本方面要求的提升,倒逼银行提高资本配置效率,节约资本使用,从而转向降低资本消耗的发展模式,促进小微企业贷款和个人贷款的发放,提高银行做普惠金融的使命感。

第四,本书的研究为强化微观审慎监管理念,推行杠杆率监管提供了新的理论依据。杠杆率监管与风险加权资本比率监管最大的区别在于是否经过风险调整,对于风险加权资本比率监管来说,银行可以通过各种方式来降低风险加权资产,从而保持资本充足率与核心资本充足率处于较高水平。但是,对于杠杆率监管来说,银行杠杆率中的资产不需要风险加权,其可调节的空间较小。然而从2013年开始,影子银行业务迅速崛起,银行表外业务占总资产的比重逐渐升高,此时不考虑风险加权因素的杠杆率监管可以较好地限制银行过度创新与表外风险业务,从而能够更好地约束银行的风险承担行为。此外,在新资本监管预期时期,杠杆率对银行发放贷款审慎程度的影响也逐渐凸显出来。杠杆率监管没有考虑风险加权因素,从而可以控制银行业金融机构以及银行体系的杠杆积累,防止银行规模的过度扩张,一定程度上助力经济复苏,抑制银行贷款流向高风险领域。因此,作为微观审慎监管的工具,杠杆率监管将在未来一段时间发挥微观审慎功能,一方面可以约束银行风险承担行为,另一方面可以调节贷款流向。此外,在银行贷款风险防范中还需注意将主权风险考虑在内(马宇,2017)。

第五,本书还为提升银行监督部门现场审查监管提供了一种新的认知。从实证研究结果来看,银行监督努力在资本与风险承担关系中扮演了重要的角色。而银行的监督努力程度需要监管部门的现场勘查才能有所了解。从《巴塞尔协议Ⅱ》资本监管开始,资本监管体系由三大支柱构成,其中第二支柱监管检查,目的不仅是保证银行有充足的资本来应对其业务中的所有风险,而且还鼓励银行开发并使用更好的风险管理技术来检测和管理风险。因此，加强现场审查监管，提升现场检查监管的效率和有效性。除了第一支柱资本监管外，加强第二支柱现场勘查，一方面了解银行对贷款以及其他投资项目事前尽职调研的流程以及风险评级等监督事项，避免银行事前监督努力的松懈；另一方面总结现场检查问题的解决经验，优化现场监管流程，达到及时有效管控潜在风险的目的。

第六，本书为构建多层次的银行服务体系提供了理论依据和改革方向。本书的实证研究发现，在新资本监管改革之前，小规模商业银行是小微企业贷款和个人贷款供给的主力军。然而，在改革之后，大规模商业银行也加入了小微企业贷款资源竞争的行列，并且发展成为个人贷款的主要提供者。所以，一方面可以继续鼓励和引导大规模商业银行服务小微企业和个人客户，建立小微企业贷款和个人贷款服务专项管理部门，运用其资金及大数据技术的优势，适度扩大基层机构小微企业贷款和个人贷款的决策权，缩短审批链条；另一方面，继续扶持小规模商业银行的发展，地方政府应大力支持地方性银行的发展，通过税收优惠和财政补贴等手段，鼓励其拓展与创新小微企业信贷和个人信贷业务，在基层增设分支机构，扩大服务领域。最后，鼓励大规模商业银行与小规模商业银行理性竞争，大规模商业银行凭借资金与技术实力，实现个人贷款和小微企业贷款审批的批量化；而小规模商业银行可以提供个性化的人工服务，推出更多特色产品；大规模商业银行与小规模商业银行差异化小微企业贷款和个人贷款信贷模式，共同为小微企业和个人提供信贷服务，解决了小微企业融资难问题，提高了居民生活质量水平。

总而言之，现阶段银行监管部门应该认识到资本在约束银行风险承担行为与调节银行贷款行为上的重要作用，继续推行风险加权资本比率监管与杠杆率监管相结合的银行资本监管模式，重点关注银行资本水平，同时，给予普惠金融贷款相应的风险权重系数优惠。此外，除了关注第一支柱外，加强资本监管第二支柱现场检查的实施，提高银行风险防控的主动性。与此同时，构建多层次的银行服务体系，鼓励银行间的有效竞争，对于普惠金融发展具有重要的意义。

第三节　未来的研究展望

正如本书所述，资本对银行风险承担与贷款行为的影响研究一直是研究的热点，尤其是在新资本监管框架进入实施的过渡期。与之前的资本监管相比，新资本监管框架对资本的质和量都提出了更高的要求，目的是通过更为严格的资本要求来降低银行的风险承担，维护金融体系的稳定。然而，更为严格的资本监管是否真正能够达到新资本监管框架制定的初衷，有待时间来检验。与此同时，更为严格的资本要求对银行贷款行为会产生怎样的影响，在全球经济复苏阶段，是否阻碍了资金的形成，不利于经济转型发展。"中国版巴塞尔协议"对资本的要求更为严格，而且当前中国又处于经济转型发展的关键时期，存在着不良贷款率上升，但实体经济又急需资金的矛盾。理清资本与银行风险承担与贷款行为的关系，显得尤为重要。然而，本书只是做了初步的尝试性探讨，未来的研究可以从以下三个方面展开。

首先，2015年中国正式推出了显性存款保险制度，银行的风险承担行为会发生怎样的变化？更为严格的资本要求能否化解显性存款保险制度带来的道德风险问题？这些问题的研究，有助于银行监管政策之间相互协调，共同维护整个金融体系的稳定。

其次，本书的研究指出，杠杆率监管没有考虑风险因素，计算时囊括了资产负债表内和表外的所有资产。然而，从2013年开始，影子银行业务在中国兴起，杠杆率监管能否很好地抑制影子银行业务的过度扩张？这一问题的研究，对于防范银行系统性风险具有重要意义。

最后，中国利率市场化改革已经基本完成，银行存贷款市场竞争有所加剧。竞争如何影响资本与银行贷款行为之间的关系？资本又是如何降低银行间过度竞争带来的风险？这些问题的研究，对于多层次银行金融体系构建具有重要的指导意义。

参考文献

中文部分

［1］白俊，连立帅．信贷资金配置差异：所有制歧视抑或禀赋差异？［J］．管理世界，2012（6）：30－42．

［2］曹艳华．资本监管压力下的商业银行风险承担行为——基于不同性质商业银行（2004～2007）的比较研究［J］．金融论坛，2009（5）：45－50．

［3］陈海勇，姚先国．资本充足监管与银行破产概率的数理模型分析［J］．数量经济技术经济研究，2006（3）：50－57．

［4］陈珠明，邹添杰，丁慧．影响我国上市银行资本充足率困境因素分析［J］．管理评论，2014（1）：3－11．

［5］程超，林丽琼．银行规模、贷款技术与小微企业融资？——对"小银行优势"理论的再检验［J］．经济科学，2015（4）：54－66．

［6］成洁．资本监管约束下银行资本与风险调整［J］．统计研究，2014（2）：68－74．

［7］代军勋，马理，黄宪．资本约束下的银行贷款行为和规模——基于资本特质性的分析［J］．经济评论，2009（6）：40－46．

［8］范小云，廉永辉．资本充足率缺口下的银行资本和风险资产调整研究［J］．世界经济，2016（4）：145－169．

［9］范子英，刘甲炎．为买房而储蓄——兼论房产税改革的收入分配效应［J］．管理世界，2015（5）：18－27．

［10］方意．货币政策与房地产价格冲击下的银行风险承担分析［J］．世界经济，

2015 (7): 73-98.

[11] 方意, 赵胜民, 谢晓闻. 货币政策的银行风险承担分析——兼论货币政策与宏观审慎政策协调问题 [J]. 管理世界, 2012 (11): 9-19.

[12] 郭友, 莫倩. 资本约束与信贷挤压 [J]. 金融研究, 2006 (7): 134-142.

[13] 黄宪, 马理, 代军勋. 资本充足率监管下银行信贷风险偏好与选择分析 [J]. 金融研究, 2005 (7): 95-103.

[14] 黄宪, 吴克保. 我国商业银行对资本约束的敏感性研究——基于对中小企业信贷行为的实证分析 [J]. 金融研究, 2009 (11): 103-118.

[15] 胡杰. 风险与监管双重影响下的商业银行行为选择 [J]. 经济管理, 2006 (16): 73-79.

[16] 贾丽平, 李旭超. 宏观金融视阈下我国商业银行流动性波动的影响因素研究 [J]. 经济社会体制比较, 2014 (4): 233-242.

[17] 江曙霞, 陈玉婵. 货币政策、银行资本与风险承担 [J]. 金融研究, 2012 (4): 1-16.

[18] 江曙霞, 刘忠璐. 存贷款市场竞争对银行风险承担的影响有差异吗？——基于中国利率市场化改革的讨论 [J]. 经济管理, 2016 (6): 1-15.

[19] 江曙霞, 刘忠璐. 资本质量会影响银行贷款行为吗？[J]. 金融研究, 2016 (12): 63-76.

[20] 金鹏辉, 张翔, 高峰. 银行过度风险承担及货币政策与逆周期资本调节的配合 [J]. 经济研究, 2014 (6): 73-85.

[21] 靳玉英, 贾松波. 杠杆率监管的引入对商业银行资产结构的影响研究 [J]. 国际金融研究, 2016 (6): 52-60.

[22] 李成, 刘生福. 利率市场化鼓励商业银行过度风险承担吗？——来自中国银行业的经验证据 [J]. 经济管理, 2015 (12): 91-102.

[23] 李华民, 吴非. 谁在为小微企业融资: 一个经济解释 [J]. 财贸经济, 2015 (5): 48-58.

[24] 李涛, 徐翔, 孙硕. 普惠金融与经济增长 [J]. 金融研究, 2016 (4): 1-16.

[25] 林毅夫, 徐立新, 寇宏, 周叶菁, 裴思纬. 金融结构与经济发展相关性的最新研究进展 [J]. 金融监管研究, 2012 (3): 4-20.

[26] 刘斌. 资本充足率对我国贷款和经济影响的实证研究 [J]. 金融研究, 2005

(11): 18-30.

　　[27] 刘晓锋,朱大鹏,黄文凡. 资本约束对我国商业银行资产负债表影响的实证研究 [J]. 国际金融研究,2016 (5): 61-71.

　　[28] 刘忠璐. 互联网金融对商业银行风险承担的影响研究 [J]. 财贸经济,2016 (4): 71-85.

　　[29] 马宇. 美国主权债务风险研究 [M]. 北京:中国金融出版社,2017.

　　[30] 牛晓健,裘翔. 利率与银行风险承担——基于中国上市银行的实证研究 [J]. 金融研究,2013 (4): 15-28.

　　[31] 潘敏,魏海瑞. 提升监管强度具有风险抑制效应吗?——来自中国银行业的经验证据 [J]. 金融研究,2015 (12): 64-80.

　　[32] 彭继增,吴玮. 资本监管与银行贷款结构——基于我国商业银行的经验研究 [J]. 金融研究,2014 (3): 123-137.

　　[33] 吴栋,周建平. 资本要求和商业银行行为:中国大中型商业银行的实证分析 [J]. 金融研究,2006 (8): 144-153.

　　[34] 王擎,吴玮. 资本监管与银行信贷扩张——基于中国银行业的实证研究 [J]. 经济学动态,2012 (3): 63-66.

　　[35] 王胜邦,陈颖. 中国商业银行资本监管:制度变迁和效果评价 [J]. 国际金融研究,2009 (5): 78-86.

　　[36] 王晓龙,周好文. 银行资本监管与商业银行风险——对中国13家商业银行的实证研究 [J]. 金融论坛,2007 (7): 45-48.

　　[37] 温信祥. 银行资本监管对信贷供给的影响研究 [J]. 金融研究,2006 (4): 61-70.

　　[38] 许坤,苏扬. 逆周期资本监管、监管压力与银行信贷研究 [J]. 统计研究,2016 (3): 97-105.

　　[39] 徐明东,陈学彬. 货币环境、资本充足率与商业银行风险承担 [J]. 金融研究,2012 (7): 50-62.

　　[40] 杨新兰. 资本监管下银行资本与风险调整的实证研究 [J]. 国际金融研究,2015 (7): 67-74.

　　[41] 袁鲲,饶素凡. 银行资本、风险承担与杠杆率约束——基于中国上市银行的实证研究 (2003-2012年) [J]. 国际金融研究,2014 (8): 52-60.

　　[42] 张雪兰,何德旭. 货币政策立场与银行风险承担——基于中国银行业的实证研

究（2000—2010）［J］.经济研究，2012（5）：31 – 44.

［43］张晓玫，钟祯. 银行规模与上市中小企业贷款——基于中国上市中小企业银行贷款数据的经验研究［J］.南开经济研究，2013（2）：94 – 111.

［44］张勇. 银行个体特征对贷款行为差异性的影响——来自中国银行体系制度约束的经验研究［J］.经济学家，2011（1）：86 – 94.

［45］张宗益，吴恒宇，吴俊. 商业银行价格竞争与风险行为关系——基于贷款利率市场化的经验研究［J］.金融研究，2012（7）：5 – 14.

［46］赵锡军，王胜邦. 资本约束对商业银行信贷扩张的影响：中国实证分析（1995—2003）［J］.财贸经济，2007（7）：3 – 11.

［47］邹传伟. 对 Basel Ⅲ 逆周期资本缓冲效果的实证分析［J］.金融研究，2013（5）：60 – 72.

外文部分

［1］Adrian T, Ashcraft A B. Shadow Banking Regulation［J］. Annual Review Financial Economic, 2012, 4（1）：99 – 140.

［2］Altunbas Y, Carbo S, Gardener E P M, Philip M. Examining the Relationships between Capital, Risk and Efficiency in European Banking［J］. European Financial Management, 2007, 13（1）：49 – 70.

［3］Altunbas Y, Gambacorta L, Marques-Ibanez D. Bank Risk and Monetary Policy［J］. Journal of Financial Stability, 2010, 6（3）：121 – 129.

［4］Arellano M, Bond S. Some Tests of Specification for Panel Data：Monte Carlo Evidence and an Application to Employment Equations［J］. The Review of Economic Studies, 1991, 58（2）：277 – 297.

［5］Baker M, Wurgler J. Do Strict Capital Requirements Raise the Cost of Capital? Bank Regulation, Capital Structure, and the Low-Risk Anomaly［J］. The American Economic Review, 2015, 105（5）：315 – 320.

［6］Barajas A, Chami R, Cosimano T, Martínez-Pería M S. Did the Basel Accord Cause a Credit Slowdown in Latin America?［with Comments］［J］. Economia, 2004, 5（1）：135 – 182.

［7］Barth J R, Caprio G, Levine R. Bank Regulation and Supervision：What Works Best?［J］. Journal of Financial Intermediation, 2004, 13（2）：205 – 248.

［8］Berger A N, Black L K. Bank Size, Lending Technologies, and Small Business Finance [J]. Journal of Banking and Finance, 2011, 35 (3): 724 – 735.

[9] Berger A N, Bouwman C H S. How Does Capital Affect Bank Performance During Financial Crises? [J]. Journal of Financial Economics, 2013, 109 (1): 146 – 176.

[10] Berger A, DeYoung R, Flannery M, Lee D, Oztekin O. How Do Large Banking Organizations Manage Their Capital Ratios? [J]. Journal of Financial Services Research, 2008, 34 (2 – 3): 123 – 149.

[11] Berger A N, Klapper L F, Udell G F., "The Ability of Banks to Lend to Informationally Opaque Small Businesses" [J], Journal of Banking and Finance, 2001, 25 (12), 2127 – 2167.

[12] Berger A N, Udell G F. Did Risk-Based Capital Allocate Bank Credit and Cause a "Credit Crunch" in the United States? [J]. Journal of Money, Credit and Banking, 1994, 26 (3): 585 – 628.

[13] Berger A N, Udell G F. A More Complete Conceptual Framework for SME Finance [J]. Journal of Banking and Finance, 2006, 30 (11): 2945 – 2966.

[14] Bernanke B S, Lown C S, Friedman B M. The Credit Crunch [J]. Brookings Papers on Economic Activity, 1991, 1991 (2): 205 – 247.

[15] Berrospide J M, Edge R M. The Effects of Bank Capital on Lending: What Do We Know, and What Does It Mean? [J]. International Journal of Central Banking, 2010, 6 (34): 1 – 50.

[16] Bhat G, Desai H. Bank Capital and Monitoring: Evidence from Loan Quality [EB/OL]. https://papers.ssrn.com/sol3/papers.cfm? abstract_id = 2789168, 2016.

[17] Bhattacharya S, Thakor A V. Contemporary Banking Theory [J]. Journal of Financial Intermediation, 1993, 3 (1): 2 – 50.

[18] Bonner C, Eijffinger S. The Impact of Liquidity Regulation on Bank Intermediation [J]. Review of Finance, 2015: 1 – 35.

[19] Blum J. Do Capital Adequacy Requirements Reduce Risks in Banking? [J]. Journal of Banking and Finance, 1999, 23 (5): 755 – 771.

[20] Blum J. Why "Basel II" May Need a Leverage Ratio Restriction [J]. Journal of Banking and Finance, 2008, 32 (8): 1699 – 1707.

[21] Blundell R, Bond S. Initial Conditions and Moment Restrictions in Dynamic Panel Da-

ta Models [J]. Journal of Econometrics, 1998, 87 (1): 115 - 143.

[22] Calem P, Rob R. The Impact of Capital-Based Regulation on Bank Risk-Taking [J]. Journal of Financial Intermediation, 1999, 8 (4): 317 - 352.

[23] Calomiris C W, Kahn C M. The Role of Demandable Debt in Structuring Optimal Banking Arrangements [J]. The American Economic Review, 1991: 497 - 513.

[24] Carlson M, Shan H, Warusawitharana M. Capital Ratios and Bank Lending: A Matched Bank Approach [J]. Journal of Financial Intermediation, 2013, 22 (4): 663 - 687.

[25] Chami R, Cosimano T F. Monetary Policy with a Touch of Basel [J]. Journal of Economics and Business, 2010, 62 (3): 161 - 175.

[26] Choi G. The Macroeconomic Implications of Regulatory Capital Adequacy Requirements for Korean Banks [J]. Economic Notes, 2000, 29 (1): 111 - 143.

[27] Coleman A D F, Esho N, Sharpe I G. Does Bank Monitoring Influence Loan Contract Terms? [J]. Journal of Financial Services Research, 2006, 30 (2): 177 - 198.

[28] De la Torre A, Pería M S M, Schmukler S L. Bank Involvement with SMEs: Beyond Relationship Lending [J]. Journal of Banking and Finance, 2010, 34 (9): 2280 - 2293.

[29] Delis M D, Kouretas G P. Interest Rates and Bank Risk-Taking [J]. Journal of Banking and Finance, 2011, 35 (4): 840 - 1855.

[30] Diamond D W, Rajan R G. A Theory of Bank Capital [J]. The Journal of Finance, 2000, 55 (6): 2431 - 2465.

[31] Diamond D W, Rajan R G. Banks and Liquidity [J]. The American Economic Review, 2001, 91 (2): 422 - 425.

[32] Edwards J R, Lambert L S. Methods for Integrating Moderation and Mediation: a General Analytical Framework Using Moderated Path Analysis [J]. Psychological Methods, 2007, 12 (1): 1 - 22.

[33] Furfine C. Evidence on the Response of US Banks to Changes in Capital Requirements [J]. Bank of Banking and Finance, 2000, 13 (6): 883 - 891.

[34] Furlong F T, Keeley M C. Capital Regulation and Bank Risk-taking: A Note. Journal of Banking and Finance, 1989, 13 (6): 883 - 891.

[35] Gambacorta L, Marques-Ibanez D. The Bank Lending Channel: Lessons from the Crisis [J]. Economic Policy, 2011, 26 (66): 135 - 182.

[36] González F. Bank Regulation and Risk-Taking Incentives: An International Comparison of Bank Risk [J]. Journal of Banking and Finance, 2005, 29 (5): 1153 – 1184.

[37] Goodhart C. Ratio Controls Need Reconsideration [J]. Journal of Financial Stability, 2013, 9 (3): 445 – 450.

[38] Hahn J, Todd P, Klaauw W V D. Identification and Estimation of Treatment Effects with a Regression-Discontinuity Design [J]. Econometrica, 2001, 69 (1): 201 – 209.

[39] Hancock D, Wilcox J A. Bank Capital, Nonbank Finance, and Real Estate Activity [J]. Journal of Housing Research, 1997, 8 (1): 75 – 105.

[40] Haq M, Heaney R. Factors Determining European Bank Risk [J]. Journal of International Financial Markets, Institutions and Money, 2012, 22 (4): 696 – 718.

[41] Harris M, Opp C C, Opp M M. Higher Capital Requirements, Safer Banks? Macroprudential Regulation in a Competitive Financial System [J]. Macroprudential Regulation in a Competitive Financial System (March 11, 2014), 2014.

[42] Harris M, Opp C C, Opp M M. The System-Wide Effects of Bank Capital Regulation on Credit Supply and Risk-Taking [J]. Available at SSRN 2467761, 2015.

[43] Holmstrom B, Tirole J. Financial Intermediation, Loanable Funds, and the Real Sector [J]. The Quarterly Journal of Economics, 1997, 112 (3): 663 – 691.

[44] Imbens G, Kalyanaraman K. Optimal Bandwidth Choice for the Regression Discontinuity Estimator [J]. Review of Economic Studies, 2012, 79: 933 – 959.

[45] Jacques K, Nigro P. Risk-Based Capital, Portfolio Risk, and Bank Capital: A Simultaneous Equations Approach [J]. Journal of Economics and Business, 1997, 49 (6): 533 – 547.

[46] Jayaraman S, Thakor A V. The Effect of Creditor Rights on Bank Monitoring, Capital Structure and Risk-Taking [J]. ECGI – Finance Working Paper, 2013 (387).

[47] Jeitschko T D, Jeung S D. Incentives for Risk-Taking in Banking-A Unified Approach [J]. Journal of Banking and Finance, 2005, 29 (3): 759 – 777.

[48] Jensen M C, Meckling W H. Theory of the Firm: Managerial Behavior, Agency Costs and Ownership Structure [J]. Journal of Financial Economics, 1976, 3 (4): 305 – 360.

[49] Jiménez G, Ongena S. Credit Supply and Monetary Policy: Identifying the Bank Balance-Sheet Channel with Loan Applications [J]. The American Economic Review, 2012, 102 (5): 2301 – 2326.

[50] Jokipii T, Milne A. The Cyclical Behaviour of European Bank Capital Buffers [J]. Journal of Banking and Finance, 2008, 32 (8): 1440 – 1451.

[51] Jokipii T, Milne A. Bank Capital Buffer and Risk Adjustment Decisions [J]. Journal of Financial Stability, 2011, 7 (3): 165 – 178.

[52] Kahane Y. Capital Adequacy and the Regulation of Financial Intermediaries [J]. Journal of Banking and Finance, 1977, 1 (2): 207 – 218.

[53] Keeley M C, Furlong F T. A Reexamination of Mean-Variance Analysis of Bank Capital Regulation [J]. Journal of Banking and Finance, 1990, 14 (1): 69 – 84.

[54] Keeton W R. Multi-Office Bank Lending to Small Businesses: Some New Evidence [J]. Economic Review-Federal Reserve Bank of Kansas City, 1995, 80 (2): 45 – 57.

[55] Kim D, Santomero A M. Risk in Banking and Capital Regulation [J]. The Journal of Finance, 1988, 43 (5): 1219 – 1233.

[56] Klaauw, W V D. Estimating the Effect of Financial Aid Offers on College Enrollment: A Regression- Discontinuity Approach [J]. International Economic Review, 2002, 43 (4): 1249 – 1287.

[57] Koehn M, Santomero A M. Regulation of Bank Capital and Portfolio Risk [J]. The Journal of Finance, 1980, 35 (5): 1235 – 1244.

[58] Košak M, Li S, Lončarski I, Marinč M. Quality of Bank Capital and Bank Lending Behavior During the Global Financial Crisis [J]. International Review of Financial Analysis, 2015, 37: 168 – 183.

[59] Lee C C, Hsieh M F. The Impact of Bank Capital on Profitability and Risk in Asian Banking [J]. Journal of International Money and Finance, 2013, 32: 251 – 281.

[60] Lee D, Lemieux T. Regression Discontinuity Design in Economics [J]. Journal of Economic Literature, 2010, 48 (2): 281 – 355.

[61] Lee D. Randomized Experiments from Non-Random Selection in U. S. House Elections [J]. Journal of Econometrics, 2008, 142 (2): 675 – 697.

[62] Lepetit L, Saghi-Zedek N, Tarazi A. Excess Control Rights, Bank Capital Structure Adjustments, and Lending [J]. Journal of Financial Economics, 2015, 115 (3): 574 – 591.

[63] Liberti J M, Mian A R. Estimating the Effect of Hierarchies on Information Use [J]. Review of Financial Studies, 2009, 22 (10): 4057 – 4090.

[64] Lin S L, Hwang D Y, Wang K L, Xie, Z W. Banking Capital and Risk-taking Adjustment under Capital Regulation: The Role of Financial Freedom, Concentration and Governance Control [J]. International Journal of Management, Economics and Social Sciences, 2013, 2 (2): 99-128.

[65] López M, Tenjo F, Zárate H. The Risk-Taking Channel and Monetary Transmission Mechanism in Colombia [J]. Ensayos Sobre Política Económica, 2011, 29 (SPE64): 212-234.

[66] Mehran H, Thakor A. Bank Capital and Value in the Cross-Section [J]. Review of Financial Studies, 2011, 24 (4): 1019-1067.

[67] McCrary J. Manipulation of the Running Variable in the Regression Discontinuity Design: A Density Test [J]. Journal of Econometrics, 2008, 142 (2): 698-714.

[68] McCrary J, Royer H. The Effect of Female Education on Fertility and Infant Health: Evidence from School Entry Policies Using Exact Date of Birth [J]. American Economic Review, 2011, 101 (1): 158-195.

[69] Mussa A S. Asymmetric Bank Risk Taking and Monetary Policy [R]. In Western Michigan University Working paper, 2010.

[70] Peek J, Rosengren E S. The International Transmission of Financial Shocks: The Case of Japan [J]. American Economic Review, 1997, 87 (4): 495-505.

[71] Pettway R H. Market Tests of Capital Adequacy of Large Commercial Banks [J]. The Journal of Finance, 1976, 31 (3): 865-875.

[72] Rajan R G. Why Bank Credit Policies Fluctuate: A Theory and Some Evidence [J]. The Quarterly Journal of Economics, 1994, 109 (2): 399-441.

[73] Rime B. Capital Requirements and Bank Behaviour: Empirical Evidence for Switzerland [J]. Journal of Banking and Finance, 2001, 25 (4): 789-805.

[74] Roberts M, Whited T. Endogeneity in Empirical Corporate Finance [J]. Handbook of the Economics of Finance, 2012, 2: 1-798.

[75] Rochet J C. Capital Requirements and the Behaviour of Commercial Banks [J]. European Economic Review, 1992, 36 (5): 1137-1170.

[76] Rugemintwari C. The Leverage Ratio as a Bank Discipline Device [J]. Revue Economique, 2011, 62 (3): 479-490.

[77] Sharpe W F. Bank Capital Adequacy, Deposit Insurance and Security Values [J].

Journal of Financial and Quantitative Analysis, 1978, 13 (4): 701 – 718.

[78] Shrieves R E, Dahl D. The Relationship Between Risk and Capital in Commercial Banks [J]. Journal of Banking and Finance, 1992, 16 (2): 439 – 457.

[79] Spinassou K. Basel III Capital Requirements and Regulatory Power: The Impact on Bank Risk-Taking and Credit Supply [J]. Available at SSRN 2307721, 2013.

[80] Stein J C. Information Production and Capital Allocation: Decentralized versus Hierarchical Firms [J]. The Journal of Finance, 2002, 57 (5): 1891 – 1921.

[81] Strahan P E, Weston J P. Small Business Lending and the Changing Structure of the Banking Industry [J]. Journal of Banking and Finance, 1998, 22 (6): 821 – 845.

[82] Thakor A V. Capital Requirements, Monetary Policy, and Aggregate Bank Lending: Theory and Empirical Evidence [J]. The Journal of Finance, 1996, 51 (1): 279 – 324.

[83] Thistlethwaite D, Campbell D. Regression-Discontinuity Analysis: an Alternative to the Ex Post Facto Experiment [J]. Journal of Educational Psychology, 1960, 51 (6): 309 – 317.

[84] VanHoose D. Theories of Bank Behavior under Capital Regulation [J]. Journal of Banking and Finance, 2007, 31 (12): 3680 – 3697.